KLEINE RÄUME
DAS WICHTIGSTE

TERENCE CONRAN
KLEINE RÄUME

DAS WICHTIGSTE

PLANEN, EINRICHTEN & WOHNEN

Aus dem Englischen von Barbara Meder

Deutsche Verlags-Anstalt

4 :: KLEINE RÄUME - DAS WICHTIGSTE

Inhalt

14

Planung & Design

Einführung 8

Stichwortverzeichnis 110

Bildnachweis 112

Festlegen der Eckdaten 16

Raumplanung 18

Aussortieren 20

Sanierung 22

Offene Grundrisse 24

Zwischengeschosse 30

Flexible Lösungen 32

Nischennutzung 36

Kompakte Treppen 40

Stauraum 42

Dekor & Ausstattung *48*

- **Grundüberlegungen** 50
- **Beleuchtung** 52
- **Gestaltungskonzepte** 56
- **Möbel & Einrichtung** 62
- **Detailausstattung** 68
- **Präsentationsflächen** 70

Raum für Raum *72*

- **Multifunktionsbereiche** 74
- **Wohnzimmer** 78
- **Küchen** 82
- **Essbereiche** 86
- **Schlafzimmer** 90
- **Badezimmer** 94
- **Ankleideräume** 98
- **Kinderzimmer** 102
- **Arbeitsbereiche** 106

EINFÜHRUNG
PLANUNG & DESIGN
DEKOR & AUSSTATTUNG
RAUM FÜR RAUM

Einführung

Platz ist kostbar, besonders in dicht besiedelten Stadtvierteln. Darum lebt so mancher in beengteren Verhältnissen, als ihm eigentlich lieb ist. Andere sind mit ihrem Zuhause zwar halbwegs zufrieden, wünschen sich aber in dem einen oder anderen Bereich mehr Luft – zum Beispiel in Küche oder Bad, wo der Grundriss oft knapp bemessen ist.

Das Wohnen in kleinen Räumen finden viele eher problematisch, weil es die eine oder andere Herausforderung mit sich bringt – zum Beispiel, wo man all seine Sachen unterbringt. Oder wie man sich organisiert, damit man sich frei bewegen kann.

Egal, ob man nun aus wirtschaftlichen Gründen oder aus Überzeugung in einer kleinen Wohnung lebt: Man sollte immer auch die Vorteile sehen, die sich aus der Situation ergeben. Manche Menschen verzichten gerne auf mehr Grundfläche, weil ihnen eine gute Wohngegend wichtiger ist – von wo sie zu Fuß zum Einkaufen gehen können oder schnell zu ihrem Arbeitsplatz kommen. Andere haben eine Phase in ihrem Leben erreicht, in der sie sich ein pflegeleichtes Zuhause wünschen. Und kleine Wohnungen machen eindeutig weniger Arbeit als ein großes Haus, wo das Aufräumen und Putzen nie ein Ende nimmt.

Eine kleine Wohnung bedeutet außerdem weniger Kosten – für Energie, Steuer und viele andere Posten. Auch in puncto Innenausstattung macht sich weniger Fläche positiv bemerkbar. Durch den überschaubaren Verbrauch bleiben

hochwertige Materialien für Böden, Wände und Arbeitsflächen (also genau die Details, die einem Raum Charakter geben) in bezahlbarem Rahmen.

Kleine Grundrisse brauchen einen anderen Denkansatz als große. Um die zur Verfügung stehenden Quadratmeter optimal nutzen zu können, muss man sie immer als Ganzes betrachten. Statt wie gewohnt jedem Raum eine bestimmte Funktion zuzuordnen, sollte man jeden Bereich so flexibel wie möglich gestalten, damit man ihn für verschiedene Aktivitäten nutzen kann.

LINKS: EIN ZWISCHENGESCHOSS SCHAFFT PLATZ FÜR EINE SCHLAFEBENE. DARUNTER LIEGT EIN ABGESCHLOSSENER ARBEITSRAUM.

OBEN: EINBAUTEN SIND FÜR KLEINE RÄUME OFT DIE BESTE LÖSUNG. DAS REDUZIERTE DESIGN DIESER KÜCHE SCHAFFT EINEN NAHTLOSEN, AUFGERÄUMTEN LOOK.

Fortsetzung

Einführung

So lässt sich dann – je nach räumlichen Gegebenheiten oder persönlichen Vorlieben – ein Essplatz in die Küche integrieren oder eine offene Lösung schaffen, bei der Kochen, Essen und Wohnen in einem multifunktionalen Raum stattfinden. Kleinteiliges Denken führt bei beengten Verhältnissen meist zu unbefriedigenden Lösungen.

Allerdings kommt man nicht um die Tatsache, dass die meisten kleinen Räume nur dann gut funktionieren, wenn einiges an Einbauten investiert wird. Wer möglichst viel verdeckten Stauraum einplant, verliert zwar ein wenig Grundfläche. Dafür gewinnt die Wohnung gegenüber einer Lösung, bei der alles im Blick ist, aber deutlich an Ordnung und Harmonie.

Einbauten sind relativ aufwändig, weil sie exakt geplant und sorgfältig gebaut werden müssen. Sie sind die Mühe aber allemal wert, weil sie das Leben um vieles angenehmer machen. Eine kompakte Küche mag vielleicht nur Raum für eine Person bieten, kann aber genauso gut funktionieren wie eine große. Wenn alles gut durchdacht ist und alles seinen Platz hat, sparen die kurzen Wege viel Lauferei.

Und schließlich zwingen kleine Wohnungen ihre Besitzer, sich gut zu überlegen, was sie sich anschaffen und wie man sie nutzt. Der Raum ist dort besonders begrenzt, also muss man sich auf das beschränken, was wichtig ist – weil man es braucht oder das Herz daran hängt. Und dieser Umstand hat durchaus seine positiven Seiten.

OBEN: EIN SEPARATES ESSZIMMER MACHT WENIG SINN, WENN DER PLATZ KNAPP IST. MEIST REICHT EIN ESSPLATZ WIE DIESER IM ALLTAG SCHON AUS.

RECHTS: ARBEITSPLÄTZE SOLLTEN VOM REST DER WOHNUNG ABGESCHIRMT SEIN. HIER WURDE DAZU EINE FENSTERNISCHE MIT EINER ARBEITSPLATTE AUSGESTATTET.

EINFÜHRUNG
PLANUNG & DESIGN
DEKOR & AUSSTATTUNG
RAUM FÜR RAUM

Festlegen der Eckdaten

Jede Wohnung muss, unabhängig von ihrer Größe, gewisse Grundvoraussetzungen erfüllen. Wie viel Platz man wofür braucht, hängt in erster Linie von Lebensstil und persönlichem Geschmack ab. Überlegen Sie, was Ihnen wichtig ist, worauf Sie verzichten können und was Sie zum Wohlfühlen brauchen.

- Feiern Sie gerne daheim? Oder findet Ihr gesellschaftliches Leben überwiegend außer Haus statt?
- Haben Sie regelmäßig Übernachtungsgäste, die eventuell auch mal länger bleiben?
- Arbeiten Sie ganz oder zeitweise zu Hause? Brauchen Sie dafür ein Büro oder eine Werkstatt? Arbeiten Sie überwiegend am Computer oder brauchen Sie einen Raum, in dem auch Platz für Material und Werkzeug ist?
- Kochen Sie gerne oder gehen Sie lieber essen? Brauchen Sie eine gut bestückte Küche oder kommen Sie mit einem Minimum an Lebensmitteln und Geräten aus, weil Sie nur das kaufen, was Sie wirklich brauchen?
- Hätten Sie gerne einen Garten?
- Duschen oder baden sie lieber? Kommen Sie auch ohne Badewanne aus?
- Was sammelt sich bei Ihnen im Alltag an?
- Denken Sie in die Zukunft: Wie lange wollen Sie in Ihrem jetzigen Zuhause bleiben? Wird sich Ihr Lebensstil in absehbarer Zeit ändern?
- Wie sieht es mit Ihrem Budget aus?

OBEN: EINE OFFENE WENDELTREPPE SPART PLATZ UND NIMMT AUSSERDEM KAUM LICHT WEG.

RECHTS: EINE GROSSE HÄNGELEUCHTE ÜBER DEM TISCH DEFINIERT DEN ESSPLATZ IN DIESER REDUZIERTEN KÜCHE.

Raumplanung

Sorgfältige Planung ist die wichtigste Voraussetzung für eine optimale Raumnutzung. Machen Sie sich mit jedem Winkel Ihres Heims vertraut und überlegen Sie, wo Sie Einbauschränke oder -regale unterbringen können. Gehen Sie bei Ihrer Planung so präzise und detailliert wie möglich vor. Manchmal entscheidet eine kleine Ecke, ob der Entwurf funktioniert oder nicht.

- Halten Sie alles schriftlich fest. Messen Sie jeden Raum genau aus, notieren Sie die Zahlen in einer Skizze und zeichnen Sie dann den exakten Grundriss auf Millimeterpapier. Für Wohnräume genügt ein Maßstab von 1:50, bei Küchen und Badezimmer erlaubt ein Maßstab von 1:20 exakteres Planen.
- Zeichnen Sie Größe und Lage von Gebäudeelementen und Ausstattung ein. Dazu zählen neben Türen, Fenstern, Nischen und Kaminen auch Steckdosen, Lichtschalter und Armaturen.
- Halten Sie die Lage der Wohnung fest. Geht sie nach Norden oder Süden, bekommt sie Morgen- oder Abendsonne?
- Wenn Sie aufwändige Umbauten planen, sollten Sie unbedingt einen Fachmann hinzuziehen, der sich mit baulichen Gegebenheiten wie tragenden Wänden auskennt.
- Machen Sie auch einen Aufriss, um die Platzierung von Objekten und Armaturen an den Wänden von Küche und Bad festzulegen.
- Schneiden Sie maßstabsgetreue Schablonen von Möbeln und Sanitärobjekten aus und probieren Sie durch Herumschieben verschiedene Varianten.

OBEN: EIN INNENFENSTER BRINGT LICHT IN DIE KÜCHE UND SCHAFFT EINE SICHTACHSE, DIE DEN RAUM GRÖSSER WIRKEN LÄSST.

LINKS: MANCHMAL MUSS MAN UM DIE ECKE DENKEN, UM RAUM ZU GEWINNEN. DIESER TREPPENABSATZ IST GROSS GENUG FÜR EINEN KOMPLETTEN ARBEITSPLATZ.

Aussortieren

Die meisten Probleme, die Leute mit kleinen Räumen haben, kommen daher, dass es nicht genug Platz für ihre vielen Sachen gibt. Ob Sie nun in einer Miniwohnung wohnen, bis Sie sich eine größere leisten können, oder sich verkleinern, weil die Kinder ausgezogen sind: Nehmen Sie sich die Zeit, einmal gründlich auszumisten. Behalten Sie nur, was Sie wirklich brauchen und lieben.

- Manchmal stellt man fest, dass man eine ganze Batterie von Dingen nicht länger braucht. Wenn Sie beispielsweise Ihren Garten abgeschafft oder so reduziert haben, dass er mit wenig Pflege auskommt, können Sie sich von vielen Gartengeräten einfach trennen.
- Werfen Sie alles weg, was unansehnlich, kaputt, abgelaufen oder sonst wie unbrauchbar ist. Das gilt für Vorräte ebenso wie für Geräte und Bücher.
- Sortieren Sie alles aus, was Ihnen nicht gefällt. Seien Sie rigoros – oft verhindern Schuldgefühle, dass man sich von ungeliebten Dingen trennt.
- Verabschieden Sie sich von allem, was Sie nicht mehr benutzen – zum Beispiel Sportgeräte oder Material für ein Hobby, das Sie längst aufgegeben haben.
- Die meisten Menschen tragen nur ein Fünftel der Kleidung, die sie besitzen. Reduzieren Sie Ihre Garderobe auf die Stücke, die Sie regelmäßig anziehen.
- Sortieren Sie alles aus, was Sie doppelt haben.
- Durchforsten Sie Ihre Ablage und vernichten Sie alle Dokumente, Rechnungen und Bedienungsanleitungen, die Sie nicht mehr brauchen.

OBEN: IN KLEINEN WOHNUNGEN IST STAURAUM KOSTBAR. IN DIESER UMGEBAUTEN KOMMODE SIND GESCHIRR UND TISCHWÄSCHE UNTERGEBRACHT.

RECHTS: EINBAUREGALE IN EINER WANDNISCHE WERDEN ZU GESTALTUNGSELEMENTEN MIT ZUSATZNUTZEN.

Sanierung

Wenn Sie in einer kleinen Wohnung leben, sollte die Grundausstattung der Räume – also die Strom-, Wasser- und Wärmeversorgung – so unauffällig und praktisch wie möglich sein. Wenn Umbaumaßnahmen anstehen, überlegen Sie, ob Änderungen an den Installationen Ihnen mehr Gestaltungsspielraum verschaffen oder die Raumsituation verbessern.

Heizung
- Eine Fußbodenheizung ist die eleganteste Lösung, wobei Warmwassersysteme mehr Bodentiefe brauchen als elektrische Systeme. Fußbodenheizungen funktionieren am besten mit massiven und robusten Bodenbelägen wie Stein oder Beton, die Wärme langsam abgeben. Bestimmte Materialien wie Laminat sind für diesen Heizungstyp nicht geeignet.
- Unter den zahlreichen Energiespar-Heizkörpern, die momentan auf dem Markt sind, gibt es auch platzsparende Modelle wie Flach- oder Sockelheizkörper und vertikale Heizkörper, die als Raumskulptur durchgehen.

Strom
- Eine gute Stromverteilung schenkt mehr Planungsfreiheit. Achten Sie darauf, dass genügend Anschlüsse vorhanden sind, um überladene Steckdosen und freiliegende Verlängerungskabel zu vermeiden.
- Denken Sie bei Ihren Umbaumaßnahmen rechtzeitig an die Lichtinstallation. Ungeplante Löcher in frisch gestrichenen Decken machen mehr Arbeit als nötig.

Wasser
Von allen Renovierungsmaßnahmen ist die Installation neuer Wasseranschlüsse die schwierigste, teuerste und aufwändigste. Wenn es keine wirklich zwingenden Gründe für eine Verlegung gibt, sollten Sie Küche und Bad rund um die bestehenden Anschlüsse planen.

OBEN: BEI DER MODERNISIERUNG WURDE DIE URSPRÜNGLICHE AUFTEILUNG DES BADS BEIBEHALTEN. DURCH SEIN DURCHGÄNGIGES DESIGN WIRKT ES BESONDERS HELL UND AUFGERÄUMT.

LINKS: INDIREKTES LICHT, DAS ÜBER EINEM DECKENSIMS INSTALLIERT IST, STRAHLT IN DEN OBEREN TEIL DES RAUMS UND LÄSST IHN SO HÖHER WIRKEN.

Offene Grundrisse

Grundrisse, die mit einem Minimum an Zwischenwänden auskommen, machen kleine Räume großzügig. Das Einreißen einer Wand bringt zwar nur wenig Bodenfläche, dafür aber umso mehr Licht. Außerdem schafft man so Blickachsen, die räumliche Beschränkungen weniger offensichtlich erscheinen lassen. Achten Sie bei Ihrer Planung auf eine ausgewogene Mischung aus offenen und privaten Bereichen, damit Sie sich ungestört zurückziehen können.

- Durch das Entfernen einer Wand können Sie aus zwei kleinen Zimmern einen großzügigen Raum machen. Wie teuer und aufwändig diese Aktion wird, hängt von der Beschaffenheit der Wand ab. Bei tragenden Wänden müssen Sie einen Stahlträger oder ein anderes Stützelement einplanen, um die Decke ausreichend zu sichern.
- Wenn Sie die Wand zwischen Diele und Wohnbereich abreißen, gewinnen Sie mehr Raum.
- Auch das Öffnen des Treppenhauses ist eine gute Idee. So können Sie auch den Treppenabsatz sinnvoll nutzen. Stellen Sie sicher, dass die neue Raumsituation noch den Brandschutzbestimmungen entspricht.
- Auch Wanddurchbrüche schaffen Blickachsen und bringen mehr Licht in die angrenzenden Räume. Eine schmale horizontale oder vertikale Öffnung ist ein gutes Gestaltungselement, das mehr Spannung in die Raumaufteilung bringt. Diese Lösung ist besonders interessant für Bäder und Küchen ohne eigenes Tageslicht.
- Bedenken Sie, dass Sie für alle baulichen Veränderungen einen Architekten oder Statiker hinzuziehen sollten.

OBEN: BEI DOPPELTER RAUMHÖHE SCHAFFT EIN ZWISCHENGESCHOSS ZUSÄTZLICHEN PLATZ. DIESER SCHLAFBEREICH LÄSST VIEL LICHT UND LUFT DURCH.

RECHTS: EINE BREITE DURCHREICHE TRENNT DIE KÜCHE VOM ANGRENZENDEN ESSBEREICH.

Fortsetzung

Offene Grundrisse

Tageslicht nutzen

Der Einfall von natürlichem Licht trägt entscheidend dazu bei, wie groß eine Wohnung oder ein Haus wirkt. Größere Fenster und neue Durchbrüche können einen Raum optisch erweitern. Dazu sind allerdings größere Umbaumaßnahmen nötig, die oft einen Eingriff in die Bausubstanz bedeuten.

- Fenster können durch Entfernen des Wandstücks unter dem Sims relativ problemlos und ohne Folgen für die Statik zu Türen erweitert werden. Auf diese Weise bringen Sie mehr Tageslicht ins Haus und gewinnen einen Extrazugang nach draußen.
- Durch Erweitern einer bestehenden Fensteröffnung gewinnen Sie Platz für ein Panoramafenster, Flügeltüren oder eine verglaste Schiebewand als Zugang zu Balkon oder Garten. Damit tragende Wände stabil bleiben, müssen Sie in der neuen Öffnung allerdings einen Träger oder eine andere Stützvorrichtung einbauen.
- Ein zusätzliches Fenster bringt zusätzliches Licht. Achten Sie bei der Positionierung darauf, dass Lichteinfall und Raumproportionen stimmen. Auch hier ist aus Gründen der Statik eine Stützkonstruktion erforderlich.
- Oberlichter und andere Deckenfenster bringen großzügig Licht in den Raum. Wie viel Helligkeit durch das Fenster kommt, hängt natürlich von seiner Größe ab: Je höher das Fenster, desto mehr Licht lässt es ein.

OBEN: DIESE INNENLIEGENDE KÜCHE BEKOMMT LICHT VON DEN AUSSENFENSTERN RECHTS UND GEGENÜBER.

LINKS: EINE GLASSCHEIBE ALS TREPPENBEGRENZUNG LÄSST TAGESLICHT VON OBEN IN DIE UNTERE ETAGE.

Fortsetzung

Offene Grundrisse

Raumvolumen

Zimmer mit hohen Decken wirken von Natur aus offener und weiter. Eine räumliche Gliederung kostet zwar etwas Platz, doch ihr vergrößernder Effekt macht das leicht wieder wett.

- Das Entfernen eines Teils der Decke zum Obergeschoss schafft doppelte Raumhöhe und bringt Spannung in den Raum.
- Eine eingezogene Plattform definiert in einem hohen Raum unterschiedliche Bereiche, ohne ihn zu erdrücken.
- Lassen Sie Trennwände unterhalb der Decke enden, wenn Sie ein Loft mit großer Raumhöhe umbauen. So nimmt man den Raum noch als Ganzes wahr.

Reduzierte Details

Architektonische Details wie Simse, Fußleisten oder Bilderschienen unterbrechen die Wandfläche und lassen den Raum leicht überladen wirken.

- Legen Sie den kompletten Raum von der Wand bis zu den Türen in der gleichen Farbe an. So können Sie auffällige Raumelemente kaschieren.
- Wenn Sie eine Grundsanierung machen, sollten Sie unnötige Extras wie Zierleisten oder Bilderschienen komplett entfernen.
- Wenn Sie keine Fußleisten möchten, können Sie die Wand mit einer Schattenfuge anlegen. Der Putz endet dabei an einem Metallprofil knapp über dem Boden, die so entstandene Lücke lässt den Raum optisch schweben.

OBEN: WEIL DER BODEN UNTER DIESER WANDKOMMODE SICHTBAR BLEIBT, WIRKT DAS ARRANGEMENT BESONDERS LUFTIG.

RECHTS: WÄNDE UND REGALE HABEN DIE GLEICHE FARBE. SO WIRD DER RAUM ALS GANZES WAHRGENOMMEN. SEINE SCHLICHTEN DETAILS FALLEN KAUM INS AUGE.

Zwischengeschosse

In hohen Räumen schafft ein Zwischengeschoss oder eine erhöhte Plattform zusätzliche Fläche. Ein Zwischengeschoss, das von den bestehenden Wänden getragen wird, verändert die Statik und sollte deshalb nur mit professioneller Unterstützung gebaut werden. Eine Plattform ist einfacher umzusetzen, weil man sie auf eine freistehende Trägerkonstruktion oder direkt auf den Boden setzen kann.

- Wichtigstes Kriterium bei der Planung von Zwischengeschossen oder Plattformen ist die Lage. Sie sollten weder die Sicht noch den Lichteinfall behindern.
- Auch die Größe ist entscheidend. Ein Zwischengeschoss sollte nie so groß sein, dass es den darunterliegenden Raum erdrückt.
- Eine Plattform für einen Schlafbereich braucht keine volle Raumhöhe. Sie muss auch nur so breit sein, dass das Bett gut steht und bequem erreicht werden kann.
- Überlegen Sie, ob das Zwischengeschoss ein Geländer aus Glas oder eine andere Art von Begrenzung bekommen soll.
- Wie soll der Zugang zur neuen Wohnebene aussehen? Zu den platzsparendsten Lösungen zählen Spindeltreppen mit offenen Stufen.
- Der Bereich unter einem Zwischengeschoss oder einer Plattform kann vielfältig genutzt werden, zum Beispiel für Küche oder Bad, als Arbeitsplatz oder Stauraum.

OBEN: EINE ERHÖHTE PLATTFORM KANN MAN DIREKT AUF DEN BODEN SETZEN. UNTER DIESER SCHLAFEMPORE WURDE EIN KLEIDERSCHRANK EINGEPASST.

LINKS: EIN ZWISCHENGESCHOSS IST EIN GUTER RÜCKZUGSORT ZUM SCHLAFEN ODER ARBEITEN. DIESER ERHÖHTE ARBEITSBEREICH BEKOMMT TAGESLICHT IM ÜBERFLUSS.

Flexible Lösungen

OBEN: EIN OFFENER MODULARER RAUMTEILER DIENT HIER ALS REGAL UND AUSSTELLUNGSFLÄCHE.

RECHTS: HOHE SCHIEBETÜREN TRENNEN DIE KÜCHE VOM ESSZIMMER.

Modernes Wohnen verlangt zunehmend nach Flexibilität. Wenn Raum knapp ist, müssen viele Bereiche mehrere Funktionen erfüllen. Darum ist es umso wichtiger, dass man sie unterschiedlichen Situationen anpassen kann. Eine solche Flexibilität erreicht man durch spezielle Türen, bewegliche Raumteiler, eine einfachere Wegführung oder durch den Einbau von Elementen, die man nach Bedarf auf- oder zuziehen kann.

Angepasste Türen
- Eine normale Tür begrenzt einen Raum in doppelter Hinsicht. Wenn man die Türöffnung aber bis an die Decke verlängert, wird der Blick nach oben gelenkt, was die Begrenzung optisch reduziert.
- Schiebetüren oder Jalousien brauchen weniger Platz als Flügeltüren, die sich in den Raum öffnen.
- Türen, die ganz oder teilweise aus Glas sind, lassen Licht von einem Raum in den anderen.

Bewegliche Raumteiler
- Bewegliche Raumteiler bieten mehrere Optionen, eine Wohnfläche zu nutzen. Mit Schiebe- oder Falttüren kann man beispielsweise ein Kinderzimmer nach dem Spielen in zwei Schlafbereiche unterteilen.
- Raumteiler aus freistehenden Modulen sind eine praktische Lösung, um unterschiedliche Bereiche voneinander zu trennen.
- Gemauerte Abtrennungen, die halbhoch oder halbbreit ausgeführt sind, gliedern den Raum und lassen ihn doch als Ganzes wirken.
- Mit Spiegeln kann man den Raum optisch verdoppeln.

Fortsetzung

Flexible Lösungen

Optimierte Wegführung
Überdenken Sie die Verbindungswege, auf denen Sie sich in Ihrem Zuhause bewegen. Treppen, Dielen oder Flure, die zugestellt oder wenig einladend sind, erwecken schnell den Anschein, dass das Haus zu klein und wenig komfortabel ist.

- Skizzieren Sie den Grundriss Ihres Zuhauses und markieren Sie dort die wichtigsten Laufwege. Wo sind Engpässe? Welche Bereiche sind anfällig für Unordnung? Wenn Sie beispielsweise Ihr Rad im Flur parken, kann ein Fahrradlift die Eingangssituation entspannen.
- Wenn ein Raum zwei Eingänge hat, wird einer davon meist wenig benutzt. Das Verschließen einer »verwaisten« Tür bringt mehr nutzbare Fläche an beiden Seiten der Wand.
- Das Ummontieren eines Türblatts kann die Raumsituation deutlich verbessern – weil die Tür dann in die andere Richtung aufgeht.

Einbauten
Durchdachte Details wie Verkleidungen, Rollläden oder ausziehbare Arbeitsflächen bringen mehr Flexibilität bei der Nutzung eines Raums. So verschwinden Klappbetten oder ausziehbare Tische, die in eine Schrankwand integriert sind, hinter einer Tür, wenn sie nicht gebraucht werden. Damit die beweglichen Elemente reibungslos funktionieren, müssen sie allerdings sehr sorgfältig geplant und gebaut werden.

LINKS: EINE GROSSE GLASSCHIEBETÜR SCHLIESST DIE KÜCHE AB, OHNE DEM FLUR LICHT ZU NEHMEN.

OBEN: BESONDERS FLEXIBEL SIND ZIEHHARMONIKATÜREN, DIE SICH KOMPLETT ZUSAMMENFALTEN LASSEN.

Nischennutzung

Auch in der kleinsten Wohnung gibt es Raum, der schlecht oder gar nicht genutzt ist. In älteren Häusern sind die Eingangsbereiche oft überproportional groß, so dass sie teilweise für andere Zwecke genutzt werden können.

Treppen, Dielen und Flure
- Wenn Ihr Badezimmer klein ist und an eine große Diele grenzt, gewinnen Sie durch das Versetzen der Trennwand Platz zum Verwirklichen Ihrer Badideen, ohne dass die Zugänglichkeit der Wohnung darunter leidet.
- Große Treppenabsätze eignen sich bestens als Stauraum. Sie können Schränke und Regale fest installieren oder Möbel wie Kommoden oder Wäschetruhen aufstellen.
- Alternativ kann ein Treppenabsatz auch für ein Homeoffice genutzt werden, das dort vom Rest des Hauses gut abgeschirmt ist. Ein Dachfenster bringt zusätzliches Tageslicht und lässt den Arbeitsbereich größer wirken.
- Wenn Ihr Eingangsbereich breit genug ist, können Sie eine wandbreite Aufbewahrung mit Regalen oder geschlossenen Schränken einbauen.
- Auch der Raum unter der Treppe eignet sich bestens als Stauraum. Mit Regalbrettern und Türen wird aus der Nische ein praktischer Schrank. In die Stufen eingepasste Böden oder Fächer nutzen den Platz optimal aus. Eine Arbeitsplatte mit Ablagefläche macht den Raum unter der Treppe zum kompakten Arbeitsbereich.

OBEN: DIESE MASSGEFERTIGTE TREPPE HAT EIN INTEGRIERTES REGAL, DAS SICH HINTER EINER FURNIERTEN VERKLEIDUNG VERBIRGT.

RECHTS: ALS OFFENE LÖSUNG FUNKTIONIERT DIESES REGAL, IN DEM MUSIKANLAGE UND BÜCHER UNTERGEBRACHT SIND.

Fortsetzung

Nischennutzung

Dachböden

Der Ausbau eines Dachbodens zu einem bewohnbaren Raum ist eine relativ unkomplizierte Methode, mehr Wohnfläche zu schaffen.

- Ein zentrales Kriterium beim Ausbau ist die Kopfhöhe. Mindestens die Hälfte des Raums sollte eine Höhe von 2,30 Metern haben.
- Der Raum braucht mindestens ein Fenster, das sich idealerweise öffnen lässt. Sie haben die Wahl zwischen Oberlichtern, die direkt im Dach eingebaut sind, und Fenstern, die in einer Gaube sitzen.
- Wenn Sie den Raum täglich nutzen, brauchen Sie eine fest installierte Treppe oder Stiege.
- Zu den Umbaumaßnahmen gehört auch die Verstärkung des Bodens und das Einfügen von Dachbalken zur Stabilisierung der Öffnungen.
- Beim Dachausbau sind eine Reihe von Feuerschutz- und Baubestimmungen zu beachten. Unter Umständen brauchen Sie auch eine Baugenehmigung, vor allem, wenn Sie das Äußere des Hauses verändern wollen.

Kellerräume

Dank der neuen Dämmtechniken wird der Ausbau von Kellerräumen immer beliebter. Ob sich ein solches Vorhaben realisieren lässt und wie teuer und aufwändig es wird, hängt in erster Linie von der Beschaffenheit des Bodens ab. Wenn Sie einen trockenen Voll- oder Halbkeller haben, können Sie ihn gut als Lagerraum nutzen. Am besten verpacken Sie alles in feste wasserdichte Behälter mit Deckel. Vergessen Sie nicht, die Boxen zu beschriften und eine Liste der eingelagerten Dinge anzulegen.

LINKS: DASS SICHERE TREPPEN NICHT ZWANGSLÄUFIG VIEL PLATZ BRAUCHEN, BEWEIST DIESE STIEGE, DIE IN EIN DACHSTUDIO FÜHRT.

OBEN: FAST ALLE DACHBÖDEN EIGNEN SICH ZUM AUSBAUEN, SELBST SOLCHE MIT FERTIGDÄCHERN. DIESER HIER DIENT JETZT ALS ELEGANTER RUHEBEREICH.

Kompakte Treppen

Durch das Ersetzen einer konventionellen Treppe, die wegen ihrer Konstruktion aus Läufen und Absätzen viel Platz einnimmt, gewinnen Sie einiges an Fläche. Raumspartreppen sind ideal als Zugang zu Dachstudios oder Zwischengeschossen, weil der darunterliegende Raum fast komplett frei bleibt. Achten Sie bei der Wahl Ihrer neuen Treppe darauf, dass sie für Ihre Zwecke geeignet ist und die geltenden Baubestimmungen erfüllt.

Treppenarten
- Bei Wendeltreppen sind die Stufen um ein Treppenauge oder eine Spindel angeordnet. Manche haben ein Standardformat, das an einen runden oder eckigen Grundriss angepasst werden kann. Bei Modellen aus Gusseisen muss der Boden verstärkt werden, damit er das Gewicht tragen kann.
- Raumspartreppen mit ausgesparten Stufen sind deutlich schmaler als normale Treppen.
- Treppen mit offenen Stufen lassen den Raum größer wirken, weil die Sicht frei bleibt. Bei minimalistischen Varianten sind die Stufen direkt in die Wand eingelassen.
- Dachbodentreppen gibt es in vielen verschiedenen Größen und Materialien. Achten Sie darauf, dass sie der Alltagsbelastung standhalten.
- Maßgefertigte Treppen können wahre Platzwunder sein. Mit eingebauten Regalfächern oder Schubladen bieten sie jede Menge Stauraum für dies und das.

OBEN: DURCH GESCHICKTE PLANUNG KOMMT DIESE MASSGEFERTIGTE TREPPE MIT HALBEN STUFEN AUS.

RECHTS: SPINDELTREPPEN WIE DIESE SIND BELIEBTE RAUMSPARER. BEI MODELLEN AUS METALL MUSS DIE TRAGFÄHIGKEIT DES BODENS GEPRÜFT WERDEN.

Stauraum

Stauraum ist bei kleinen Räumen immer ein kritischer Faktor. Planen Sie ganzheitlich, um unbefriedigende Teillösungen zu vermeiden. Überlegen Sie, wie viel Sie unterbringen müssen, wo überall Platz ist und wo was am besten aufgehoben ist.

Unterteilen Sie Ihre Sachen nach der Häufigkeit ihrer Nutzung. Dinge, die Sie täglich brauchen, sollten Sie in unmittelbarer Nähe ihres Einsatzorts aufbewahren, also Shampoo und Seife an Dusche und Waschbecken, Küchenmesser und Schneidebrett im Arbeitsbereich zwischen Herd und Spüle. Alles, was nur selten oder nur saisonal im Einsatz ist, kann weiter weg verstaut werden. Was dann noch übrig bleibt, sollten Sie sinnvoll ordnen und so deponieren, dass Sie bei Bedarf leicht an alles herankommen.

Die beste Aufbewahrungslösung für kleine Räume sind Einbauten, die – wie schon gesagt – sorgfältig geplant werden wollen. Die aufgeräumte Optik der fertigen Wohnung macht Mühe und Kosten dieser Maßnahme aber mehr als wett. Freistehende Möbel sind nur eine unbefriedigende Alternative, da sie weit mehr Platz als nur die reine Standfläche brauchen und ungleich dominanter wirken als ein durchgeplantes Einbausystem.

LINKS: REGALE SIND EINE BESONDERS PRAKTISCHE AUFBEWAHRUNG, WEIL MAN TIEFE UND HÖHE DER FÄCHER IHREM INHALT EXAKT ANPASSEN KANN.

OBEN: UNTERHALTUNGSELEKTRONIK IST MITTLERWEILE SO KOMPAKT, DASS SIE BEI BEDARF EINFACH IM SCHRANK VERSCHWINDET.

Fortsetzung

Stauraum

Einbauplanung

Egal, ob Sie ein Einbausystem von der Stange kaufen oder eine maßgefertigte Lösung in Auftrag geben: Notieren Sie verschiedene Ansätze, wie das Ganze aussehen könnte. Dieser Entwurf dient als Planskizze für den Schreiner oder als Arbeitsgrundlage für einen Inneneinrichtungsspezialisten.

- Zeichnen Sie einen Grundriss von allen Bereichen, in denen Sie Einbauten vornehmen wollen. So können Sie besser sehen, wie viel Platz Sie zur Verfügung haben und wie Sie Fixpunkte wie Küchen- oder Badanschlüsse am besten integrieren.
- Studieren Sie Einrichtungskataloge, um sich Anregungen zu holen und mit den Standardmaßen von Unter- und Oberschränken vertraut zu machen.
- Überschlagen Sie, wie viel Sie unterbringen müssen, und planen Sie Extraraum für künftige Anschaffungen ein.
- Beziehen Sie die Raumproportionen in Ihre Planung mit ein, damit die Einbauten sich harmonisch in das Gesamtbild fügen. Niedrige Schränke und Regale, die sich über mehrere Wände ziehen, passen zu modernen Räumen, die eher in die Breite als in die Höhe gebaut sind. In älteren Gebäuden bieten sich Kaminnischen zum Einbau von Stauraumlösungen an.
- Denken Sie groß, wenn es sich irgendwie einrichten lässt. Planen Sie deckenhohe Regale oder nutzen Sie eine komplette Wand für Einbauschränke.

OBEN: ALLES, WAS SIE OFFEN AUFBEWAHREN, SOLLTE GUT AUSSEHEN ODER WENIGSTENS STÄNDIG IM EINSATZ SEIN.

RECHTS: BESONDERS ÄSTHETISCH SIND SCHRÄNKE MIT GRIFFMULDEN ODER DRUCKVERSCHLÜSSEN. IHRE DURCHGÄNGIGE FLÄCHE LÄSST DEN RAUM GRÖSSER WIRKEN.

PLANUNG & DESIGN :: 47

Fortsetzung

Stauraum

Regale
- Regale sollten sich immer nach den Dingen richten, für die sie gedacht sind. Wählen Sie ein System mit verstellbaren Böden, damit Sie die Höhe der Fächer optimal anpassen können. Bei vielen Standardregalen sind zumindest einige der Böden nicht fest verleimt, so dass Sie mit verschiedenen Fachgrößen experimentieren können.
- Auch die Tiefe des Regals sollte auf den künftigen Inhalt abgestimmt sein. Kleine Dinge wie Gewürze oder Kosmetika und Zerbrechliches wie Glas oder Porzellan sind in flachen Regalen am besten aufgehoben.

Regalzubehör
- Möbelhäuser und Stauraumspezialisten haben ein riesiges Angebot an Zubehör. Mit Schubladentrennern oder Zwischenböden kann man jeden Zentimeter optimal nutzen. Wenn Ihr Budget knapp ist, bringen auch Boxen, Körbe und andere Behälter mehr Ordnung und Platz.
- Mit neuen Türen, Schubladenfronten und Griffen bekommt ein altes Regal einen frischen Look. Manche Hersteller haben sich auf austauschbare Türen für Küchen- und Badschränke spezialisiert. Falls Sie dort nicht fündig werden, können Sie auch einen Schreiner mit dem Bau neuer Türen beauftragen.

OBEN: DIE ABGESCHRÄGTE FRONT DIESER SCHRANKWAND BRINGT SPANNUNG IN DEN RAUM. EINZELNE TÜREN IN KRÄFTIGEN FARBEN SORGEN FÜR EINE GRAFISCHE OPTIK.

LINKS: EIN REGAL MIT FÄCHERN UND SCHUBLADEN NUTZT DIE BREITE NISCHE DIESES GROSSZÜGIGEN DURCHGANGS.

EINFÜHRUNG
PLANUNG & DESIGN
DEKOR & AUSSTATTUNG
RAUM FÜR RAUM

Grundüberlegungen

Durch die sorgfältige Wahl von Ausstattung und Möbeln kann man die physischen Beschränkungen kleiner Räume zwar nicht aufheben. Aber man kann ein Gefühl von Offenheit und Weite erzeugen, das sie ein wenig größer aussehen lässt.

- Einheitlichkeit ist das A und O beim Einrichten kleiner Räume. Planen Sie immer die komplette Wohnung, statt sich auf einzelne Bereiche zu beschränken.
- Drastische Farbwechsel können das Raumempfinden einer kleinen Wohnung empfindlich stören, besonders, wenn man mehrere Bereiche gleichzeitig im Blick hat. Sie müssen nicht jeden Raum nach dem gleichen Schema gestalten, sollten sich aber auf ein bis zwei Konstanten wie Farbkonzept oder Bodenbelag beschränken, um ein harmonisches Ganzes zu schaffen.
- Stellen Sie ein Moodboard zusammen, auf dem Sie Ihre Ausstattungsideen festhalten. Sammeln Sie Farb- und Materialmuster, damit Sie verschiedene Kombinationen ausprobieren können. Abbildungen in Katalogen und Präsentationsflächen in Verkaufsräumen können täuschen. Nehmen Sie Muster mit nach Hause, damit Sie unter realen Bedingungen sehen können, wie sie wirken. Riskieren Sie nicht, erst nach Verlegen des kompletten Bodens festzustellen, dass der Teppich zu Hause viel dunkler wirkt als im Laden.

OBEN: WÄNDE UND BODEN IM GLEICHEN HELLEN SANDTON SCHAFFEN EIN GEFÜHL VON LEICHTIGKEIT UND HARMONIE.

RECHTS: KRÄFTIGE FARBEN SOLLTEN SPARSAM VERWENDET WERDEN. SCHÖN IST EIN AKZENT AUF EINER KLAR DEFINIERTEN FLÄCHE – WIE IN DIESEM BAD.

Beleuchtung

Eine gute Beleuchtung ist immer wichtig, in kleinen Räumen ist sie aber absolut unverzichtbar. Mit einer durchdachten Lichtplanung wirkt ein beengtes Zimmer um einiges größer und wohnlicher. Viele behandeln das Thema Beleuchtung eher halbherzig und legen mehr Wert auf das Design der Leuchten als auf die Qualität des Lichts. Die Lichtplanung sollte aber als zentrales Element der Modernisierung möglichst früh erfolgen. Probieren Sie mit beweglichen Klemmspots oder Tischleuchten verschiedene Lichtsituationen aus. Richten Sie den Lichtkegel in verschiedene Ecken des Raums und experimentieren Sie mit unterschiedlichen Positionen und Höhen. Die meisten Wohnbereiche brauchen mindestens zwei verschiedene Lichtquellen.

- Eine sanfte Hintergrund- oder Raumbeleuchtung erzielt man mit Decken- oder Wandflutern, Downlights, Lichtleisten, Niedervoltsystemen oder mit Boden- und Tischleuchten. Damit das Licht nicht blendet, sollte es diffus oder abgeschirmt sein.
- Direktes Licht wird mit Hilfe von Spots, justierbaren Deckenschienen oder Schreibtischleuchten erzeugt und leuchtet Arbeitsbereiche oder Dekoobjekte exakt aus.
- Architekturlicht, bei dem Lichtleisten oder einzelne Spots hinter Blenden, unter Wandschränken oder unter Einbauelementen sitzen, betont bauliche Details und kaschiert dominante oder unproportional große Elemente.

LINKS: LICHT, DAS AUS DEN TIEFEN WANDNISCHEN STRAHLT, ILLUMINIERT DIE TREPPE UND LENKT DAS AUGE IN DIE OBERE ETAGE DER WOHNUNG.

OBEN: VERDECKTE DOWNLIGHTS SETZEN DIE OBJEKTE AUF DER DURCHREICHE WIRKUNGSVOLL IN SZENE UND LEUCHTEN DEN RAUM GLEICHMÄSSIG AUS.

Fortsetzung

Beleuchtung

OBEN: EIN DECKENFENSTER BRINGT TAGESLICHT IN DIESEN KELLERRAUM, DER ALS ERWEITERUNG DES HAUSES NACHTRÄGLICH AUSGEHOBEN WURDE.

RECHTS: DURCH EINE VOLLFLÄCHIGE GLASWAND FLUTET LICHT IN DIESES ARBEITSZIMMER. DIE VERGRÖSSERTEN FENSTER LASSEN DEN RAUM OFFENER UND GRÖSSER WIRKEN.

Lichtdesign
- Schalten Sie alle Leuchten an, bevor Sie sie kaufen, damit Sie sehen, wie sie strahlen. Lassen Sie sämtliche Installationsarbeiten von einem Fachmann machen, und zwar am besten vor den Malerarbeiten.
- Vermeiden Sie mittig platzierte Deckenleuchten. Ein einzelnes Deckenlicht kann leicht blenden, was die Augen sehr anstrengt. Außerdem wirft es Schatten in die Ecken des Raums und lässt ihn so kleiner wirken.
- Platzieren Sie stattdessen lieber mehrere Lichtquellen. Auch ein kleiner Raum verträgt gut vier bis fünf verschiedene Leuchten. Durch unterschiedliche Positionen und Höhen entstehen überlappende Lichtkreise, die das Auge im Raum lenken.
- Setzen Sie Downlights nur in Bereichen mit fixem Layout wie Küche und Bad ein. In Wohnbereichen schränken Sie die Gestaltungsfreiheit zu sehr ein.
- Streulicht von Wänden und Decken erzeugt einen diffusen Schein. Licht, das an die Decke strahlt, macht den Raum optisch höher; auf die Wände gerichtetes Arbeitslicht lässt ihn größer wirken. Am besten funktioniert dieser Kniff, wenn Wände und Decke Ton in Ton gehalten sind.
- Licht, das unter Einbauschränken sitzt, nimmt großen Elementen ihre Wuchtigkeit. Ähnlich wirkt eine bodennahe Beleuchtung, die die Länge des Raums betont.
- Wandleuchten sind ein preiswerter Weg, eine harmonische Raumstimmung zu schaffen.
- Mit Dimmern können Sie die Lichtstimmung in Multifunktionsbereichen modifizieren.

Gestaltungskonzepte

Wie eine Wohnung wirkt, wird von Farbe, Muster und Textur der Oberflächen und Materialien ihrer Ausstattung bestimmt, also von Wänden, Fenstern, Bodenbelägen und Arbeitsflächen. Oberstes Ziel bei der Gestaltung kleiner Räume ist es, natürliches und künstliches Licht optimal zu nutzen, um den Eindruck von mehr Weite zu schaffen.

Verwendung von Farben

- Als Grundfarbe eignen sich am besten Farben, die Licht reflektieren, oder kühle Nuancen – also reines Weiß, pastellige Töne und verschiedene Blaunuancen. Kühle Farben schaffen Weite. Flächen, die ganz oder teilweise in diesem Spektrum angelegt sind, werden als »weiter weg« empfunden und bringen so mehr Tiefe in den Raum.
- Achten Sie auf die Lage der Räume. Wenn sie nach Norden oder Osten gehen, sind kühle Farben ein wenig zu kalt. Warme Weiß- und Cremetöne passen dort besser.
- Helle und dezente Farben sind nie verkehrt, können aber leicht fad wirken. Ausdrucksvoller ist ein Zimmer, das komplett in Weiß gehalten ist. Achten Sie auf Qualität, wenn Sie weiße Farbe kaufen. Sie zahlen dafür zwar etwas mehr, dafür deckt sie perfekt und bleibt länger schön.

LINKS: PASTELLTÖNE SIND GUTE RAUMVERGRÖSSERER, DA SIE DAS TAGESLICHT REFLEKTIEREN UND OPTISCH RUHE ERZEUGEN.

OBEN: KONTRASTREICHE MATERIALIEN SIND EIN WICHTIGES STILMITTEL, WENN DIE GESTALTUNG BETONT REDUZIERT IST.

Fortsetzung

Gestaltungskonzepte

Kontraste

In kleinen Räumen wirken starke Farben und lebhafte Muster oft erdrückend. Texturen dagegen geben durch ihre strukturierte Oberfläche einem Raum Tiefe und Charakter. Einen spannungsreichen Gegensatz bildet die Kombination reflektierender Oberflächen mit weichen Materialien oder in sich gemusterten Flächen wie Holz und Fliesen.

- Meist sind natürliche Materialien die bessere Wahl, da sie anders als Kunststoffe mit der Zeit eine schöne Patina bekommen. Außerdem fühlen sich Polster und Kissen – genau wie Bettwäsche und Handtücher – einfach besser an, wenn Sie aus Baumwolle oder Leinen und nicht aus Synthetik sind.
- Stark reflektierende Materialien wie Glas, Edelstahl oder Spiegel verstärken das Licht ebenso wie lackierte und polierte Oberflächen.
- Bei Fußböden sind Kontraste besonders effektvoll. Wenn Sie sich bei der Wahl der Beläge auf helle oder neutrale Farben beschränken, können Sie mit unterschiedlichen Materialien wirkungsvolle Akzente setzen und doch einen harmonischen Gesamteindruck erzielen. Schön ist die Kombination aus einem hellen Holzboden im Wohnbereich und Naturfliesen in einem ähnlichen Farbton in der Küche.
- Durch die geringe Fläche von Böden und Wänden halten sich die Kosten für die Gestaltung in Grenzen. Leisten Sie sich, wenn möglich, hochwertige Materialien wie Parkett oder Naturstein.

OBEN: DER HONIGFARBENE HOLZBODEN UND DIE GLÄNZENDEN FRONTEN VERLEIHEN DIESER KÜCHE SPANNUNG UND CHARAKTER.

RECHTS: DIE GRAFIK DER FLIESEN GIBT DEM BAD SEIN GESICHT. DA MUSTER SEHR DOMINANT SIND, SOLLTE MAN SIE AUF EINEN IN SICH GESCHLOSSENEN BEREICH BESCHRÄNKEN.

DEKOR & AUSSTATTUNG :: 61

Fortsetzung

Gestaltungskonzepte

Akzente
Sie müssen nicht auf kräftige Farben und lebhafte Muster verzichten, nur weil Ihre Wohnung klein ist. Diese Gestaltungsmittel sollten allerdings wohl dosiert eingesetzt werden. Starke Akzente brauchen viel Luft, damit sie den Raum nicht dominieren.

- Setzen Sie Highlights mit kräftigen Farben und lebhaften Designs. In einem dezenten Ambiente sind bunte Kissen oder gemusterte Bezüge ein schöner Blickfang. Wenn man sich an ihnen satt gesehen hat, kann man sie für kleines Geld ganz einfach gegen neue austauschen. Ein signalroter Kühlschrank oder ein marineblauer Herd geben einer schlichten Küche das gewisse Etwas.
- Muster und Farben auf größeren Flächen sind auch eine gute Methode, den Raum zu beleben. Eine einzelne Wand in einer starken Farbe oder einem auffälligen Muster bringt als visuelle Referenz Struktur in offene Räume.
- Auch geschlossene Räume vertragen gut Farben und Muster. Eine klare Farbe wirkt in Dielen und Treppenhäusern wie ein roter Faden, der unterschiedliche Bereiche miteinander verbindet. Muster, die für ein Wohnzimmer zu dominant sind, können andere Bereiche erfrischend lebendig machen. Das gilt auch für Räume wie Bäder oder Dielen, wo man sich nur für eine begrenzte Zeit aufhält.

OBEN: ZARTES BLAU IST EINE SANFTE, ABER FRISCHE FARBE, DIE PERFEKT ZU DIESEM BAD UNTER DER DACHSCHRÄGE PASST.

LINKS: EIN LIMONENGRÜNES SOFA UND EIN ORANGENER STUHL BRINGEN FARBE IN DIESE ANSONSTEN EHER ZURÜCKHALTENDE WOHNUNG.

Möbel & Einrichtung

Weniger ist definitiv mehr, wenn es um das Einrichten kleiner Räume geht. Freistehende Möbel nehmen viel Platz in Anspruch und lassen ein Zimmer schnell überladen wirken. Weniger bedeutet in diesem Zusammenhang aber auch einfacher – klare Linien ohne störende Details wirken am aufgeräumtesten; freie Bodenflächen und freie Sichtachsen geben ein Gefühl von Weite.

Große Möbel

Jede Wohnung, egal wie beengt sie ist, braucht Platz für das eine oder andere große Möbelstück: ein Doppelbett, ein Sofa und einen vernünftigen Ess- oder Arbeitstisch. Bevor Sie etwas Neues anschaffen, messen Sie aus, ob das gute Stück auch wirklich passt, und zwar in das Zimmer, wo es stehen soll, durch die Wohnungstüren und durch das Treppenhaus. Mit einer maßstabsgetreuen Skizze lässt sich das relativ leicht feststellen. Bei manchen Möbeln kann man die Beine oder andere Teile abschrauben, was die Chancen erhöht, dass man sie auch um kritische Ecken manövrieren kann.

Lassen Sie sich aber nicht dazu verleiten, beim Kauf nur auf die Größe zu achten, sonst müssen Sie unter Umständen Abstriche in puncto Komfort und Nutzen machen. Allzu kleine Möbel sind nicht immer die beste Wahl, denn sie können leicht billig wirken und Ihre Wohnung wie ein Puppenhaus aussehen lassen.

OBEN: GROSSE MÖBELSTÜCKE WIE SOFAS SIND WENIGER RAUMGREIFEND, WENN SIE IN NISCHEN ODER DICHT AN DER WAND STEHEN.

RECHTS: NIEDRIGE SITZELEMENTE IN WEISS SIND PERFEKT FÜR KLEINE WOHNZIMMER UND LASSEN SICH MIT BUNTEN KISSEN IMMER WIEDER VARIIEREN.

Möbel & Einrichtung

Fortsetzung

Reduktion

- Beziehen Sie Nischen und Vorsprünge bei der Möblierung mit ein, um so viel Bodenfläche wie möglich zu sparen.
- Halten Sie es schlicht. Zwei kleine Sofas reichen oft schon als Sitzgelegenheit aus und sind um Längen ästhetischer als ein Sammelsurium unterschiedlicher Sessel und Stühle.
- Möbel mit horizontalem Schwerpunkt wie Sofas mit niedriger Rückenlehne, flache Sitzelemente oder bodennahe Betten machen ein Zimmer optisch größer. Außerdem passen sie besser zu den Proportionen von Dachateliers und anderen Räumen mit niedrigen Decken. Stücke mit hohen Rückenlehnen dagegen versperren die Sicht.
- Bevorzugen Sie schlichte und schnörkellose Objekte. Viele moderne Möbel erfüllen gleich mehrere Funktionen, wie ein Sofabett, auf dem man bei Bedarf Übernachtungsgäste unterbringen kann.
- Transparente Objekte wie Glastische, Plexiglasstühle oder Stühle mit Kunststoff- oder Stahlgeflecht fallen weniger ins Auge als massive. Auch leichte Gartenmöbel sind eine »schlanke« Option.
- Halten Sie Polstermöbel betont einfach. Sofas mit neutralen Bezügen wirken weniger wuchtig als wild gemusterte Modelle. Mit abnehmbaren Bezügen sind Flecken auf hellen Stoffen kein Problem.

- Achten Sie auf die Beleuchtung. In direktem Licht zieht ein großes Möbelstück automatisch den Blick an. Platzieren Sie Leuchten zwischen den Möbeln oder setzen Sie indirektes Licht ein, das von Decke und Wänden reflektiert wird. Ein Unterlicht lässt Betten, Einbauschränke und andere massive Stücke scheinbar über dem Boden schweben.

OBEN: TISCH UND STÜHLE DIESER KLEINEN KÜCHE SCHLUCKEN KAUM LICHT UND SORGEN FÜR FREIE SICHT.

LINKS: GROSSE BODENKISSEN BIETEN PLATZ FÜR UNERWARTETE GÄSTE. EIN HELLER TEPPICH DEFINIERT DEN SITZBEREICH UND MACHT DEN RAUM BEHAGLICH.

Fortsetzung

Möbel & Einrichtung

Multifunktions- und Klappmöbel
Möbel, die für mehrere Aktivitäten genutzt werden können, und Möbel, die man einfach wegpacken kann, sind für kleine Räume ideal.

Tische
- Besonders raumsparend sind einfache Platten, die man an die Wand dübeln und wegklappen kann. Manche Küchenhersteller haben fertige Modelle in ihrem Programm, ansonsten können Sie einen eigenen Entwurf beim Schreiner oder im Baumarkt anfertigen lassen.
- Klapptische und Ausziehtische mit Einlegeplatte bieten zusätzlichen Platz für besondere Gelegenheiten.
- Beistelltische, die man stapeln, ineinanderschieben oder zusammenlegen kann, sind leicht zu verstauen, wenn man sie nicht braucht.

Betten
- In Multifunktionsräumen sind Klappbetten besonders praktisch. Anders als früher sind die Modelle von heute ausgesprochen bequem und robust. Und es gibt sie in unzähligen Varianten: im Einzel-, Doppel- und Maxiformat, als ausziehbares Etagenbett, als Schreibtisch-Bett-Variante und als Wandbett, das hinter einer Schranktür verschwindet. Die meisten Hersteller bieten einen Montageservice für ihre Produkte.
- Bettsofas sind eine gute Möglichkeit, Übernachtungsgäste bequem unterzubringen. Investieren Sie auch hier in Qualität: Billige Modelle sind weder als Bett noch als Sofa besonders rückenfreundlich.

- Auch Futons sind eine Option, weil man sie tagsüber aufrollen und zum Sitzen nutzen kann.

Sitzgelegenheiten
- Klappstühle sind ideal, wenn Sie nur gelegentlich Gäste haben und Ihren Wohnraum nicht unnötig zustellen wollen. Wählen Sie aber unbedingt ein Design, das zum Rest Ihrer Einrichtung passt.
- Auch Stapelstühle sind praktisch, weil man sie schnell wegräumen kann. Stapelhocker leisten auch als Beistelltische gute Dienste.

OBEN: DIESE ELEGANTEN SATZTISCHE MACHEN AUCH ALS RAUMOBJEKT EINE GUTE FIGUR.

RECHTS: DIE NIEDRIGEN BÄNKE BIETEN PLATZ FÜR EINE KOMPLETTE SCHALLPLATTENSAMMLUNG. HOCKER IN DER GLEICHEN HÖHE MACHEN DEN ESSPLATZ KOMPLETT.

Detailausstattung

In kleinen Räumen setzt Unordnung sämtliche Raumsparmaßnahmen im Handumdrehen außer Kraft. Allerdings sollten die Zimmer auch nicht zu leer sein, damit sie nicht kalt und steril wirken. Sie müssen zwar genau überlegen, was Sie sich anschaffen, sollten aber dem Auge immer etwas bieten, an dem der Blick hängen bleibt – egal, ob das Objekt dekorativer oder eher praktischer Natur ist.

Zubehör

Dazu zählen neben Türknäufen und Schrankgriffen auch Schalter und andere kleine Dinge, die einem praktischen Zweck dienen. Bei der Ausstattung einer kleinen Wohnung sollte man einige Grundregeln beachten.

- Wenn Sie reduziertes Design mögen, können Sie viele Ausstattungsdetails einfach weglassen. Griffmulden und Druckverschlüsse an Einbauschränken machen Griffe und Knäufe überflüssig. Und Schalter aus transparentem Kunststoff oder Glas sind an der Wand kaum sichtbar.
- In kleinen Räumen fallen Details viel mehr auf. Bleiben Sie bei einer Linie und verwenden Sie überall das gleiche Material. Wenn Sie in Ihrer Küche Lichtschalter aus Edelstahl haben, sollten Sie auch in den anderen Räumen welche installieren.
- Auch hier noch einmal der Appell: Investieren Sie in Qualität. Gerade bei kleinen Wohnungen lohnt es sich nicht wirklich, an Kleinigkeiten zu sparen.

OBEN: AN DEN SCHIEBETÜREN ZUM MULTIFUNKTIONSRAUM SITZEN GROSSE BÜGELGRIFFE, DIE DIE VERTIKALE BETONEN.

LINKS: HOCHWERTIGE EDELSTAHLGRIFFE GEBEN DIESER EINBAUKÜCHE EINE EDLE NOTE.

Präsentationsflächen

Alles, was in einer kleinen Wohnung im Blick ist, sollte einen Zweck erfüllen: Es muss entweder besonders schön oder aber ständig in Gebrauch sein.

- Ablagen sind in modernen Wohnungen mit reduziertem Design ein schöner Blickfang. Kunstvoll arrangiert entfalten Küchenutensilien, Stiftboxen oder Badartikel wie Schwämme oder Bürsten eine ganz eigene Ästhetik.
- Neben Wänden sind Kaminsimse, Nischen, Tische und Regale gute Präsentationsflächen für dekorative Dinge.
- Auch Durchgangsräume wie Dielen oder Treppenabsätze setzen Sammlerstücke perfekt in Szene.
- Lassen Sie um Ihre Ausstellungsstücke genug freien Raum, damit sie richtig wirken können.
- Sammeln Sie Dinge, die sich in Farbe, Form oder Funktion ähneln, und arrangieren Sie Ihre Fundstücke dann so, das sie als Ganzes wirken können.
- Wechseln Sie Ihre Exponate von Zeit zu Zeit aus. Wenn Sie Bilder stellen, statt sie aufzuhängen, lassen sie sich leichter austauschen.
- In einem Akzentlicht zeigen sich Ausstellungsstücke von ihrer besten Seite. Richten Sie einen schmalen Lichtstrahl auf sie, benutzen Sie Seitenlicht, um Form und Oberfläche zu betonen oder setzen Sie Licht von hinten, um Details wie die Transparenz einer Vase hervorzuheben.

OBEN: EINE SCHLICHTE GLASPLATTE WIRD MIT EINER SCHMALEN HALTERUNG ZU EINEM ELEGANTEN ZEITSCHRIFTENHALTER.

RECHTS: GRIFFLOSE WEISSE FRONTEN MACHEN AUS DIESER SCHRANKWAND EINE PLANE FLÄCHE. EIN UNTERLICHT NIMMT DER KONSTRUKTION DIE SCHWERE.

EINFÜHRUNG
PLANUNG & DESIGN
DEKOR & AUSSTATTUNG
RAUM FÜR RAUM

Multifunktionsbereiche

In kleinen Wohnungen ist meist nicht genug Platz, um jeder Aktivität einen eigenen Raum zuzuweisen. Die ultimative Herausforderung sind Studios mit nur einem Zimmer, vor allem wenn dieses auch noch sehr klein ausfällt. Multifunktionsräume verlangen nach einer präzisen Planung und einer ebenso präzisen Umsetzung. Nehmen Sie sich Zeit, gründlich über Ihre Wünsche und Bedürfnisse nachzudenken. Rekapitulieren Sie, was Sie besitzen, und trennen Sie sich von Überflüssigem, bevor Sie mit der Planung beginnen.

Auch hier sieht die Praxis so aus, dass Einbauten das Leben um vieles angenehmer machen.

Wenn Sie unsicher sind, ob Sie mit dem Projekt alleine klar kommen, ziehen Sie einen Architekten oder Designer hinzu, der Ihnen bei der Planung und Umsetzung hilft. Details wie Klappbetten oder ausziehbare Tische müssen besonders exakt ausgeführt werden, damit sie im täglichen Einsatz reibungslos funktionieren.

Halten Sie jedes Detail schriftlich fest, denn in kleinen Wohnungen zählt jeder Zentimeter. Puzzeln Sie so lange mit maßstabsgetreuen Schablonen Ihrer Möbel, bis Sie die optimale Kombination gefunden haben. Über diese Vorarbeit freuen sich auch Profis, die Sie mit der weiteren Ausführung beauftragen.

LINKS: EINE WANDBREITE ARBEITSPLATTE MIT DARÜBER MONTIERTEM REGAL IST ALLES, WAS EIN KOMPAKTES HOMEOFFICE BRAUCHT.

OBEN: EINE BLAU GESTRICHENE NISCHE DEFINIERT DEN SCHLAFBEREICH. DER ARBEITSPLATZ VOR DEM FENSTER NUTZT DAS EINFALLENDE TAGESLICHT.

Fortsetzung

Multifunktionsbereiche

Praktische Überlegungen

- Fassen Sie bei der Planung unterschiedliche Aktivitätsbereiche zusammen. Kochen und Essen gehören naturgemäß zusammen. Schlaf- und Arbeitsbereiche brauchen mehr Ruhe und gegebenenfalls eine kleine Abtrennung.
- Wenn der Raum hohe Decken hat, können Sie ein Zwischengeschoss oder eine Plattform einbauen.
- Planen Sie die Wohnung so, dass das natürliche Licht optimal genutzt wird. Platzieren Sie Ihren Schreibtisch in Fensternähe, damit Sie sich bei der Arbeit besser konzentrieren können.
- Bestehende Anschlüsse für Wasser oder Starkstrom geben vor, wo Bad und Küche sitzen. Wenn die Möglichkeit besteht, sollten Sie die Anschlüsse in einem zentralen Versorgungsschacht zusammenfassen, um den Raum optimal zu nutzen. Verschaffen Sie sich mit zusätzlichen Schaltern und Steckdosen mehr Flexibilität. Sehen Sie eine gute Entlüftung vor, wenn der Raum eine Küche hat.
- Gute Multifunktionsbereiche verbinden durchgängiges Design mit klar definierten Zonen. Mit unterschiedlichen Lichtstimmungen, modularen oder beweglichen Möbeln und Trennwänden kann man den Raum je nach Situation sichtbar verändern.
- Grenzen Sie Arbeitsbereiche so weit wie möglich vom Rest der Wohnung ab. Trennelemente zum Aufklappen oder Ausziehen halten die Raumsituation dennoch flexibel.

OBEN: WENN DER FERNSEHER AUS IST, VERSCHWINDET ER HINTER SCHIEBETÜREN MIT GEFROSTETEN SCHEIBEN.

RECHTS: DIE AUFTEILUNG DIESES STUDIOS BESTIMMT DIE ZENTRALE TREPPE, DIE ZUR SCHLAFEMPORE FÜHRT.

Wohnzimmer

Jedes Wohnzimmer, egal wie klein es ist, muss vor allem eines sein: ein Ort, an dem man sich entspannen kann. Oft kommt die Entspannung aber zu kurz, weil der Raum auch weitere Aufgaben erfüllen muss oder mit Krimskrams überfrachtet ist. Überdenken Sie, wie Sie Ihr Wohnzimmer momentan nutzen. Und überlegen Sie, ob Sie einige der Aktivitäten, die dort stattfinden, in einen anderen Raum verlagern können, um mehr Ruhe zu schaffen.

Raumoptimierung

- Vergrößern Sie bestehende Öffnungen oder schaffen Sie neue. Wenn es darum geht, ein Gefühl von mehr Weite zu erzeugen, bringt ein offenerer Zugang vom Wohnbereich in den Garten oder auf den Balkon ein deutliches Plus. Wenn Sie drinnen wie draußen die gleichen Farben und den gleichen Bodenbelag verwenden, verbindet das Auge beide Bereiche zu einem großen Ganzen.
- Große Spiegelflächen über dem Kamin, in Nischen oder gegenüber einem Fenster reflektieren das einfallende Licht und öffnen den Raum in die Tiefe.
- Wenden Sie an, was Sie über Licht wissen: Indirektes Licht bringt den ganzen Raum zum Strahlen, abgeschirmte Leuchten auf Tischen und an Wänden lassen den Blick schweifen und schaffen eine stimmungsvolle Atmosphäre.

OBEN: DER SCHLANKE EINBAUSCHRANK SCHÜTZT DIE CD-SAMMLUNG VOR STAUB UND DEN RAUM VOR UNORDNUNG. ALLE LIEBLINGSSTÜCKE SIND DIREKT NEBEN DEM CD-PLAYER UNTERGEBRACHT.

LINKS: EIN OFFENER KAMIN IST IN EINEM KLEINEN WOHNRAUM EIN SCHÖNER BLICKFANG. DIE FEUERSTELLE KOMMT MIT EINER EINFACHEN NISCHE AUS.

Fortsetzung

Wohnzimmer

Aufbewahrungssysteme

Mit Ausnahme von Bücherregalen, die ihre ganz eigene Ästhetik haben, machen offene Aufbewahrungslösungen einen Wohnraum eher unruhig als entspannend. Planen Sie darum besser geschlossene oder eingebaute Elemente.

- Orientieren Sie sich an der Struktur des Raums und nutzen Sie Nischen für Einbauten.
- Wenn Sie viel Stauraum brauchen, statten Sie eine komplette Wand mit einem Schranksystem aus. Halten Sie die Türen in der gleichen Farbe wie den Rest der Wohnung.
- Wenn Ihr Budget nur ein Regal erlaubt, besorgen Sie passende Boxen und verstauen Sie darin CDs und andere Kleinteile.

Unterhaltungselektronik

Selbst, wenn im Haushalt mehrere Geräte verteilt sind, ist das Wohnzimmer das zentrale Medienzimmer. Ein Fernseher ist bei weitem nicht so gemütlich wie ein Kamin, vor allem, wenn er ausgeschaltet ist. Darum ist es wichtig, einen Platz zu finden, wo der Bildschirm gut zu sehen ist, im Raum aber nicht zu sehr dominiert. Flatscreens sind besonders praktisch, weil man sie wegen ihrer geringen Tiefe gut in einem Schrank unterbringen kann. Auch DVD-Player und andere Geräte sollten hinter einer Tür verschwinden, wenn sie nicht im Einsatz sind, damit sie nicht unnötig ins Auge fallen.

OBEN: DIE GROSSE ÖFFNUNG DER ZWISCHENWAND SCHAFFT FREIE SICHT UND LENKT DAS TAGESLICHT VON RAUM ZU RAUM.

RECHTS: IM WANDREGAL IST DER FLACHBILDFERNSEHER GUT SICHTBAR ABER DEZENT UNTERGEBRACHT. IM UNTERSCHRANK IST PLATZ FÜR EINE DVD-SAMMLUNG.

Küchen

Mit der richtigen Planung kann eine kompakte Küche erstaunlich effizient und benutzerfreundlich sein. Für ein gelungenes Design können Sie entweder einen abgeschlossenen Raum als Mini-Küche gestalten oder eine Kochzone in einen Multifunktionsbereich integrieren, um so von der vollen Raumfläche zu profitieren.

Kompakte Planung
Einbauküchen funktionieren besonders gut, weil sie den vorhandenen Raum optimal nutzen. Prinzipiell können auch in kleinen Räumen alle Küchentypen ohne Kochinsel realisiert werden.

- Einzeilige Grundrisse, bei denen alle Einbauten an einer Wand sitzen, sind ideal für Küchen, die in einen offenen Raum integriert sind. So kann man die Küche mit einer Schiebe- oder Falttür abtrennen, wenn sie nicht gebraucht wird.
- Auch zweizeilige Küchen mit Einbauten an zwei gegenüberliegenden Wänden sind eine Option. Die beiden Zeilen brauchen aber einen Abstand von mindestens 1,20 Metern.
- L-förmige Küchen und Küchen mit Kochtresen passen gut in Multifunktionsräume.
- U-förmige Küchen brauchen etwas mehr Platz. Idealerweise sollte der Abstand zwischen den beiden gegenüberliegenden Zeilen 2 Meter betragen.
- Am platzsparendsten sind Kompaktküchen, die aus einer einzigen freistehenden Einheit bestehen.

OBEN: EINE DURCHDACHTE INNENEINRICHTUNG NUTZT JEDEN DER SCHRÄNKE BIS IN DIE LETZTE ECKE.

LINKS: KÜCHENFRONTEN, SCHIEBETÜREN UND ESSTISCH SIND AUS DEMSELBEN MATERIAL. SO WIRKEN DIE VERSCHIEDENEN RAUMELEMENTE WIE AUS EINEM GUSS.

Fortsetzung

Küchen

OBEN: ARBEITSFLÄCHE, HERD UND BACKOFEN SITZEN HINTER GROSSEN TÜREN, DIE NACH OBEN AUFKLAPPEN. DECKENHOHE SCHIEBETÜREN SCHAFFEN EINE KLARE TRENNUNG ZWISCHEN KÜCHE UND WOHNRAUM.

RECHTS: EINE TRENNWAND MIT DURCHREICHE SCHIRMT DEN WOHNRAUM AB UND BRINGT GLEICHZEITIG LICHT IN DIE KÜCHE. DER BREITE TRESEN DIENT ALS LUFTIGER FRÜHSTÜCKSPLATZ.

Praktische Überlegungen

- Halten Sie alle Flächen, die Sie zum Arbeiten nutzen, so frei wie möglich. Hohe Schränke sind rechts und links der Arbeitsplatte am besten platziert.
- Schaffen Sie keine Küchengeräte an, die nur selten genutzt werden und viel Platz verschlingen. Beschränken Sie sich bei Geschirr und Kochutensilien auf das, was Sie wirklich brauchen.
- Ausziehbare Arbeitsplatten bringen mehr Platz für Vorbereitung und Ablage. Sinnvoll sind auch Raumsparelemente wie Klapptische oder integrierte Bügelbretter.
- Einbauschränke, die auf Füßen stehen und auf Sockel verzichten, machen den Raum luftiger, weil der Boden sichtbar bleibt.
- Statten Sie Schubladen und Schränke mit Abtrennungen, Gestellen und Vorratsbehältern aus. Karusselleinsätze vermeiden tote Winkel in Eckschränken.
- Wenn Sie alleine leben, reichen Elektrokleingeräte für Ihre Zwecke unter Umständen aus.
- Koch- und Essgeschirr für kleine Küchen sollte besonders praktisch sein. Geradlinige Designs lassen sich besser stapeln und verstauen.
- Schlichte Details sorgen für eine ruhigere Optik.
- Materialien wie Edelstahl oder Glas reflektieren Licht und vergrößern den Raum.
- Kaufen Sie nicht zu viel ein, weil Sie sonst unnötig viel Stauraum brauchen. Kontrollieren Sie regelmäßig Ihre Vorräte und sortieren Sie aus, was über dem Mindesthaltbarkeitsdatum ist.
- Wenn Ihre Küche nur wenig oder gar kein Tageslicht hat, »borgen« Sie sich mit einem Durchbruch welches von den angrenzenden Räumen.

Essbereiche

Abgeschlossene Esszimmer werden immer seltener, was aber nicht weiter überrascht. Heute leben wir viel temporeicher und zwangloser als früher und es ist kein Fauxpas mehr, Gäste auch in der Küche zu bewirten. Da Kochen und Essen zusammengehören, dienen viele Kochbereiche auch gleichzeitig als Esszimmer. Oft ist der Essplatz auch Teil eines durchgängigen Wohnbereichs.

Definieren eines Essbereichs
In Multifunktionsräumen ist es wichtig, die unterschiedlichen Aktionsbereiche wie Kochen, Essen und Entspannen voneinander abzugrenzen. Um das zu erreichen, gibt es eine Reihe unterschiedlicher Ansätze.

- Nutzen Sie den Grundriss des Raums. Wenn Ihr Wohnraum L-förmig ist, macht es Sinn, den Essplatz im kleineren L-Segment unterzubringen.
- Verankern Sie den Essbereich optisch im Raum. Als Bezugspunkt kann ein Fenster oder eine plakativ gestaltete Wand dienen.
- Offene Regale oder Durchreichen bringen Struktur in den Raum, ohne ihn zu zergliedern.

OBEN: AN DEM KLEINEN KLAPPTISCH IST GENUG PLATZ FÜR EIN GEMÜTLICHES FRÜHSTÜCK. BEIM KOCHEN BIETET ER ZUSÄTZLICHE ARBEITSFLÄCHE.

LINKS: DIE BEIDEN HÄNGEBÄNKE UND DER FEST INSTALLIERTE TISCH MACHEN DEN KLEINEN ERKER ZUM STYLISHEN ESSPLATZ.

Fortsetzung

Essbereiche

Möblierung
- Wenn Klapptische oder Ausziehplatten größer geschnitten sind, finden gleich mehrere Leute Platz für einen gemütlichen Snack.
- Mit Ausziehtischen und Klapp- oder Stapelstühlen kann man die Größe des Essplatzes auf die Zahl der Gäste abstimmen.
- Wenn Ihr Essplatz Teil eines größeren Wohnbereichs ist, können Sie ihn auch als Arbeits- oder Kreativbereich nutzen. Wählen Sie für Tisch und Stühle ein schlichtes und praktisches Design, das möglichst vielen Anforderungen gerecht wird.
- Tresen oder halbhohe Raumtrenner mit breiten Arbeitsplatten geben eine gute Frühstücksbar ab. Auch eine Kücheninsel kann so geplant werden, dass sie gleichzeitig als Essplatz dient.
- Lange Sideboards mit schlichten Fronten sind perfekt zur Aufbewahrung von Geschirr, Besteck und Tischwäsche.

Beleuchtung
- Leuchten Sie den Tisch mit einer oder mehreren Hängeleuchten aus. Achten Sie beim Hängen darauf, dass sie den Raum nicht überstrahlen und den Blick nicht behindern. Schirmen Sie die Lichtquelle ab, damit Sie beim Essen nicht geblendet werden.
- Wenn Ihr Essplatz Teil der Küche ist, installieren Sie einen Dimmer, damit Sie die Intensität des Lichts regulieren können.

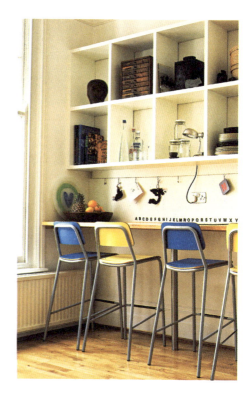

OBEN: DIE BUNTEN BARSTÜHLE MACHEN SICH UNTER DEM SCHMALEN TRESEN KLEIN, WENN DAS FRÜHSTÜCK BEENDET IST.

RECHTS: IN »GEPARKTEM« ZUSTAND SIND DIE PRAKTISCHEN ZWILLINGSHOCKER VON DEM GERADLINIGEN TRESEN KAUM ZU UNTERSCHEIDEN.

Schlafzimmer

Schlafzimmer sind in erster Linie Ruhezonen, in die man sich vom Trubel des Alltags zurückzieht. In kleinen Wohnungen, wo unterschiedliche Aktivitäten auf relativ engem Raum stattfinden, muss darum ein Bereich geschaffen werden, der diesem Zweck auch wirklich gerecht wird. Wie groß der Schlafbereich ist, spielt dabei eine untergeordnete Rolle. Wichtig ist nur, dass um das Bett herum genügend Platz bleibt, damit man bequem herankommt.

- Ein Kleiderschrank nimmt viel Platz im Schlafzimmer ein. Überlegen Sie, ob Sie ihn woanders unterbringen können, wenn der Raum sehr klein ist. Ein Einbausystem wirkt harmonischer als ein freistehender Schrank oder offene Kleiderständer.
- Verzichten Sie auf eine zentrale Deckenbeleuchtung, die ungemütlich ist und blendet, wenn Sie im Bett sitzen. Schaffen Sie stattdessen mit dimmbaren Lichtleisten, Deckenstrahlern oder Tischleuchten ein sanftes Hintergrundlicht. Für entspanntes Lesen sind justierbare Nachttischleuchten ein absolutes Muss.
- Stimmen Sie die Wandfarbe auf die Lage des Raums ab. Naturtöne bringen Wärme in Zimmer, die nach Norden gehen; Südzimmer vertragen auch reines Weiß und alle Schattierungen von Blau.

OBEN: KLEINE SCHLAFZIMMER KÖNNEN SEHR GEMÜTLICH SEIN. DIESES HIER HAT EINE KOJE, DIE AUF EINEM EINBAUSCHRANK THRONT.

LINKS: DIESES BETT BIETET VIEL STAURAUM UNTER DEM HOHEN PODEST UND LÄSST DAS ZIMMER WENIGER »SCHLAUCHIG« AUSSEHEN.

Fortsetzung

Schlafzimmer

Offene Schlafbereiche
- Erhöhte Schlafplätze sind eine praktische Lösung in Räumen mit hohen Decken. Dazu kann man entweder eine Plattform bauen oder ein Zwischengeschoss einziehen, das über eine Treppe zu erreichen ist. Ein Hochbett braucht nur so viel Kopffreiheit, dass man darin sitzen kann, ohne sich zu stoßen. Darunter ist ausreichend Platz für Stauraum oder einen Arbeitsplatz. Aus Gründen der Sicherheit sollte es mit einer stabilen Leiter und einem umlaufenden Geländer ausgestattet sein.
- Bei Schlafzimmern mit eigenem Bad müssen die beiden Räume nicht unbedingt von einer durchgehenden Wand getrennt werden. Es genügt, eine halbhohe Brüstung zu bauen, die im Schlafbereich als überdimensionales Betthaupt dient.
- Schlafkojen sind eine gute Möglichkeit, in einem offenen Raum einen geschlossenen Ruhebereich zu schaffen. Wenn Sie um Ihr Bett Jalousien oder lichtdurchlässige Schiebegardinen befestigen, haben Sie eine moderne Variante des klassischen Himmelbetts.

OBEN: DIESER LICHTE SCHLAFRAUM UNTER DER DACHSCHRÄGE IST ÜBER EINE OFFENE TREPPE MIT DER DARUNTERLIEGENDEN EBENE VERBUNDEN.

RECHTS: IN BESONDERS KLEINEN RÄUMEN IST EIN WANDBETT EINE ELEGANTE LÖSUNG, BEI DER MAN AUF KOMFORT NICHT VERZICHTEN MUSS.

Badezimmer

Genau wie bei kleinen Küchen sollte man auch für kleine Bäder eine Komplettlösung planen und alle Objekte in die Einbauten integrieren. Alternativ kann man den Raum auch als Nasszelle mit bodengleicher Dusche gestalten. Die meisten Badausstatter und größeren Baumärkte bieten einen professionellen Planungsservice zur optimalen Nutzung des vorhandenen Raums.

- Planen Sie nur Objekte ein, die Sie wirklich benutzen. Vielleicht kommen Sie ohne Badewanne aus, wenn Sie lieber duschen, und können auch auf ein Bidet verzichten.
- Überlegen Sie, ob Sie durch das Versetzen einer Wand mehr Platz gewinnen.
- Ersetzen Sie eine Flügeltür, die nach innen aufgeht, durch eine Schiebetür. Falttüren und Duschtüren zum Schieben sind ebenfalls eine gute Raumsparmaßnahme.
- Fußbodenheizungen kommen ohne Heizkörper aus. Eine platzsparende Alternative sind Flachheizkörper und Handtuchwärmer.
- Halten Sie alles schlicht und stimmen Sie Farben und Materialien aufeinander ab.
- Planen Sie möglichst viel Stauraum unter dem Waschbecken, neben der Toilette und an beiden Enden der Wanne ein.
- Ein Dachfenster öffnet den Raum nach oben und sorgt dafür, dass man sich weniger eingeengt fühlt.
- Eingelassene Downlights entlang der Deckenkante verbreitern den Raum optisch.
- Wannen, Waschbecken und Toiletten können auch unter einer Dachschräge sitzen, solange sie genug Kopffreiheit lassen.

OBEN: EINE BREITE ABLAGE AM ENDE DER WANNE NUTZT DIE DACHSCHRÄGE BIS IN DEN LETZTEN WINKEL.

LINKS: EINE GLASABTRENNUNG VOR DER DUSCHE SCHÜTZT DEN RAUM VOR SPRITZWASSER. DANEBEN BIETEN TIEFE REGALFÄCHER VIEL PLATZ FÜR HANDTÜCHER.

Fortsetzung

Badezimmer

OBEN: EIN HANDTUCHWÄRMER SITZT STRATEGISCH GÜNSTIG ÜBER DER WANNE UND NUTZT DEN PLATZ OPTIMAL AUS.

RECHTS: EINE DECKENHOHE GLASWAND UND EIN GROSSER SPIEGEL REFLEKTIEREN DAS LICHT UND SCHAFFEN SO DIE ILLUSION VON WEITE.

Ausstattung & Zubehör

Nehmen Sie sich Zeit, den Markt zu sondieren und Musterräume zu besichtigen. Probieren Sie Badobjekte aus – im Sitzen, Stehen und Liegen. So finden Sie heraus, ob sie die richtige Größe und Breite haben.

- Viele Anbieter haben spezielle Programme für kleine Bäder.
- Objekte in Sonderformen können viel Platz sparen. Eine konische Badewanne kommt beispielsweise mit einer Schmalseite des Raums aus und bringt so mehr Planungsfreiheit.
- Hängewaschbecken und -toiletten, bei denen der Boden frei bleibt, brauchen weniger Platz als Standmodelle. Überzeugen Sie sich vor der Montage, dass die Wand sie tragen kann. Der Platz hinter der Abdeckung eines Spülkastens kann unter Umständen als Ablage genutzt werden.

Nassräume
- Lassen Sie den Boden von einem Profi verlegen, der sicherstellt, dass das Wasser komplett abfließt.
- Achten Sie darauf, dass der Boden rutschfest ist.
- Damit Boden und Wände absolut wasserdicht sind, müssen sie speziell behandelt werden. Dafür eignen sich bitumenhaltige Anstriche, Kunststoffmembranen oder Flüssigfolien und Verkleidungen aus Bootsbau-Sperrholz.
- Auch die Oberflächen müssen so wasserabweisend wie möglich sein. Mosaikfliesen, Kacheln oder Steinfliesen sind für Nasszellen am besten.

Ankleideräume

Wenn es räumlich irgendwie machbar ist, planen Sie einen Ankleideraum ein, der Ihnen mehr Platz verschafft. Dort ist Ihre Kleidung vor Sonneneinstrahlung, Staub und Motten geschützt und Sie müssen keinen sperrigen Schrank im Schlafzimmer unterbringen.

Ein Ankleideraum sollte in der Nähe des Schlaf- oder Badezimmers liegen, weil man sich dort normalerweise an- und auszieht. Ein breiter Flur, eine Diele oder eine Abstellkammer bieten Platz für Schränke und Regale.

Unterziehen Sie Ihre Garderobe einer kritischen Prüfung, bevor Sie den Ankleideraum planen. Die meisten Menschen tragen nur geschätzte 20 Prozent Ihrer Kleidung regelmäßig, was wiederum bedeutet, dass die restlichen 80 Prozent davon unnötig Stauraum verschlingen. Trennen Sie sich von allem, was nicht mehr passt, abgetragen ist und was Sie lange nicht anhatten. Ein Ordnungssystem mit Unterteilung in Sommer- und Wintergarderobe sorgt für mehr Übersicht im Schrank und ist ein guter Anlass für regelmäßiges Aussortieren.

OBEN: EINE SCHIEBETÜR MIT GLASEINSATZ TRENNT DEN ANKLEIDERAUM VOM ANGRENZENDEN BEREICH.

LINKS: DIE KOMBINATION AUS ROLLCONTAINERN UND EINER LANGEN KLEIDERSTANGE IST EINE STYLISHE SCHRANKLÖSUNG FÜR LIEBHABER KLARER LINIEN.

Ankleideräume

Fortsetzung

Praktische Überlegungen

- Größere Einrichtungshäuser haben modulare Aufbewahrungssysteme im Programm, mit denen man Kleiderschränke individuell zusammenstellen kann. Hochwertiger, aber teurer ist das Angebot von Anbietern, die sich auf Stauraumlösungen spezialisiert haben. Schreiner oder Trockenbauer fertigen Ankleiden exakt nach Maß.
- Planen Sie eine Kombination aus möglichst doppelreihigen Kleiderstangen und Schubladen oder Regalen für alles, was liegend aufbewahrt wird.
- Kleiderstangen brauchen eine Tiefe von mindestens 60 Zentimetern.
- Vor Schubladen muss 1 Meter Platz zum Ausziehen bleiben.
- Schiebe- oder Falttüren sparen wertvollen Raum. Als günstige Lösung können Sie auch Jalousien an Ihrem Schrank befestigen.
- Mit Schuhständern, Boxen und anderen Behältern gewinnen Sie noch mehr Platz. Mit Aufhängeschienen und Organizern können Sie auch Schranktüren als Stauraum nutzen.
- Wichtig ist ein Spiegel, in dem Sie sich in voller Größe sehen können. Am besten sind Spiegeltüren, alternativ können Sie auch einen rahmenlosen Spiegel an Tür oder Wand befestigen.
- Nutzen Sie den Platz unter dem Bett, um Winterpullis, Schuhe und ähnliche Platzräuber aufzubewahren. Manche Betten haben integrierte Schubladen oder Fächer. Auch flache Rollboxen mit Deckel schützen den Inhalt vor Staub und Motten.
- Halten Sie die Schrankfronten in der gleichen Farbe wie die Wände oder wählen Sie Türen mit Glas.

OBEN: DIESER SCHRANK NUTZT DIE VOLLE BREITE DER SCHLAFZIMMERWAND UND BIETET SOGAR PLATZ FÜR EINEN INTEGRIERTEN FERNSEHER.

RECHTS: DIESER MASSGEFERTIGTE SCHUHSCHRANK AUF ROLLEN DIENT GLEICHZEITIG ALS SCHIEBETÜR ZUM BAD.

Kinderzimmer

Räumliche Enge macht sich besonders bemerkbar, wenn man Kinder hat. Darum suchen sich viele Leute vor der Geburt Ihres Babys eine größere Wohnung. Wenn ein Umzug nicht in Frage kommt, ist der Familienzuwachs eine gute Gelegenheit, sein Zuhause neu zu planen.

Umverteilung von Raum
Wenn ein zweites Baby unterwegs ist, macht es Sinn, die Raumverteilung umzukrempeln und das größte Schlafzimmer als Kinderzimmer einzurichten. Kleinere Kinder spielen die meiste Zeit auf dem Boden. Wenn sie in ihrem Zimmer nicht genug Platz haben, ist die Gefahr umso größer, dass sie mit ihrem Spielzeug auch den Rest der Wohnung in Beschlag nehmen. Wenn die Kinder dann größer sind, können Sie die Raumsituation neu überdenken.

Raumsparbetten
- Wenn Geschwister sich ein Zimmer teilen, ist ein Etagenbett eine praktische Lösung, weil es nur halb so viel Platz braucht wie zwei Einzelbetten. Aus Sicherheitsgründen sollte das Kind, das oben schläft, mindestens fünf Jahre alt sein. Achten Sie darauf, dass das Bett auch wirklich sicher ist – eine stabile Leiter und ein umlaufendes Geländer sind Pflicht.
- Einige Anbieter haben modulare Systeme im Programm, bei denen das Hochbett durch einen Schrank oder Arbeitsplatz ergänzt werden kann.

OBEN: IN EINEM BREITEN REGALFACH AM BETTENDE IST REICHLICH LEKTÜRE FÜR GUTENACHTGESCHICHTEN UNTERGEBRACHT.

LINKS: BEI DIESEN TIEF MONTIERTEN SCHRÄNKEN KOMMEN KLEINE KINDER LEICHT AN IHRE SCHÄTZE HERAN. REGALE SIND EINE PRAKTISCHE UND FLEXIBLE AUFBEWAHRUNG.

Fortsetzung

Kinderzimmer

OBEN: DURCH SEIN WEISSES GESTELL WIRKT DIESES ETAGENBETT BESONDERS LUFTIG. DIE UNTERE LIEGEFLÄCHE WIRD TAGSÜBER ZUM SOFA.

RECHTS: EIN MASSGEFERTIGTES ETAGENBETT LÄSST VIEL RAUM FÜR SCHÖNE DETAILS. DIESES HIER HAT EXTRAFLACHE REGALE ZUM VERSTAUEN VON BÜCHERN UND KUSCHELTIEREN.

Aufbewahrung

- Bändigen Sie das Chaos im Kinderzimmer, indem Sie Spielsachen und Kleidung regelmäßig durchsehen. Sortieren Sie alles, aus dem Ihre Kinder herausgewachsen sind, konsequent aus. Lassen Sie Ihre Kinder mitentscheiden, damit Lieblingsstücke nicht einfach verschwinden, wenn ihr Herz noch daran hängt.
- Behälter in allen Variationen – von der Klickbox bis zum Kleiderbeutel – sind im Kinderzimmer absolut unverzichtbar. Container in unterschiedlichen Farben helfen Geschwistern, ihre Sachen auseinanderzuhalten, und halten kleinteilige Spielsachen sicher und übersichtlich zusammen. Besonders platzsparend sind stapelbare Behälter oder Rollkästen, die unter dem Bett verschwinden.
- Verzichten Sie auf kleine Möbel wie Kinderschränke – Ihre Kids brauchen mehr Platz, als Sie denken.
- Montieren Sie eine Kindergarderobe, die Ihr Nachwuchs bequem erreichen kann.
- Flexible Einbauregale begleiten Ihr Kind von der Krabbelstube bis ins Erwachsenenalter.
- Sorgen Sie dafür, dass freistehende Möbel wie Bücherregale fest an der Wand verankert sind, damit sie nicht umfallen können.
- Schaffen Sie Präsentationsflächen, denn Kids haben ihre Lieblingssachen gerne im Blick. Bei Kleinkindern gilt: Aus den Augen, aus dem Sinn. Darum funktionieren geschlossene Aufbewahrungssysteme nur für ältere Kinder.

Arbeitsbereiche

Wenn Sie ganz oder zeitweise zu Hause arbeiten, brauchen Sie dafür eine passende Umgebung. Wie viel Platz Sie benötigen, hängt von der Art Ihrer Tätigkeit ab. Arbeiten Sie ausschließlich am Computer, haben Sie viele Optionen, wo Sie Ihr Homeoffice aufschlagen können. Wenn Sie viel Werkzeug und Material brauchen oder Angestellte haben, ist ein Studio in Dachboden oder Keller oder aber ein ausgebauter Raum in einem Gartenhaus oder Schuppen eine gute Option.

Computerplätze
- Damit Sie sich konzentrieren können, sollte der Arbeitsplatz in einem ruhigen Bereich der Wohnung liegen. Am günstigsten ist eine Konstellation, bei der Sie Arbeitsmaterialien liegen lassen können, ohne dass sie stören.
- Ausblicke machen den Kopf frei. Ein Arbeitsplatz am Fenster ist gut zum Nachdenken, weil Sie Ihren Blick schweifen lassen können. Außerdem fördert natürliches Licht – egal, von wo es kommt – die Konzentration.
- Auch große Treppenabsätze geben unkonventionelle, aber effiziente Arbeitsplätze ab.
- Ein kompaktes Homeoffice unter der Treppe ist ein guter Platz für konzentriertes Arbeiten.
- Am wenigsten störend sind Arbeitsplätze, die hinter einer Schranktür verschwinden, wenn sie nicht gebraucht werden. Manche integrierte Lösungen haben ausziehbare Tischplatten, die zusätzliche Ablagefläche bieten.
- Platzieren Sie Ihren Schreibtisch in einer ruhigen Ecke, wo Sie nicht so leicht abgelenkt werden.

OBEN: EIN GROSSES KIPPFENSTER VERSORGT DEN ARBEITSPLATZ UNTER DER DACHSCHRÄGE MIT REICHLICH TAGESLICHT.

LINKS: AUF DAS WESENTLICHE REDUZIERT IST DIESER SCHLANKE ARBEITSBEREICH MIT ELEGANTER ROLLTÜR.

Fortsetzung

Arbeitsbereiche

Praktische Überlegungen
- Wenn Sie beim Arbeiten viel sitzen, brauchen Sie einen ergonomischen Schreibtischstuhl mit flexibler Rückenlehne. Ein normaler Stuhl bietet weder genügend Halt noch die nötige Beweglichkeit, die bei langem Sitzen schmerzhafte Verspannungen verhindert.
- Dank W-LAN müssen Peripheriegeräte wie Drucker oder Scanner nicht zwingend in unmittelbarer Nähe des Computers stehen.
- Für konzentriertes Arbeiten mit gedruckten Materialien empfehlen Experten die vierfache Stärke von normalem Raumlicht. Zum Arbeiten am Computer kommt man mit weniger aus, weil der Bildschirm beleuchtet ist. Deckenfluter liefern dafür eine gute Hintergrundbeleuchtung, justierbare Arbeitsleuchten schaffen Lichtinseln für Manuskripte und Keyboard.
- Planen Sie ein gutes Ablagesystem ein. Auf den Schreibtisch gehört nur, was Sie unbedingt zum Arbeiten brauchen. Arbeitsunterlagen und Nachschlagewerke sollten in Griffnähe untergebracht sein; Steuerunterlagen, Backups und Ordner mit abgeschlossenen Projekten können weiter weg verstaut werden.

OBEN: MEHR LICHT ALS IN DIESEM KOMPAKTEN NISCHENBÜRO GEHT NICHT. DER DIREKTE ZUGANG ZUM GARTEN IST EIN ZUSÄTZLICHER BONUS.

RECHTS: EINE SCHMALE ARBEITSPLATTE HINTER DER TREPPENBRÜSTUNG NUTZT DEN BREITEN ABSATZ ZUM ZWISCHENGESCHOSS.

Stichwortverzeichnis

A
Abtrennungen
  für Multifunktionsräume 32
  in offenen Grundrissen 24, 25, 28
  mit Öffnungen 80, 85
Akzente 60–61, 63
Ankleideräume 98–101
Arbeitsflächen, für Küchen 84
Arbeitslicht 53, 108
Arbeitsräume 13, 106–109
  auf Treppenabsätzen 18, 36, 107
  in Multifunktionsräumen 74, 75
  in Zwischengeschossen 30, 109
  unter Treppen 36, 107
Architektur
  Akzentlichter 53
  Detailgestaltung 28
Ausstellungsflächen 70, 104

B
Bäder
  Abtrennung 92
  allgemein 94–97
  Farbgebung 61
  in Multifunktionsbereichen 76
  Planung 23
  unter Zwischengeschossen 31
  Vergrößerung 36
Bänke 67, 86
Baubestimmungen (bauliche Veränderungen) 24, 40
Baugenehmigung 39
Bausubstanz (Eingriff) 27
Beleuchtung
  allgemein 52–55
  Arbeitslicht 53, 108
  Bodenleuchten 53
  dimmbare 54, 88, 91
  Downlights 53, 54, 95
  für Arbeitsräume 108
  für Ausstellungsflächen 70
  für Wohnräume 79
  in Essbereichen 88
  in Schlafzimmern 91
  Lichtstärke 108
  Planung 23, 53
  Raumlicht 53
  Tageslicht 27, 76, 84, 107
  von Möbeln 65
Betten
  allgemein 62, 65
  als Stauraum 90, 92, 100, 103
  auf Schlafebenen 31, 77, 91, 92
  auf Zwischengeschossen 10, 24, 92
Bettsofas 66
Futons 66
  in Kinderzimmern 103, 104–105
  in Multifunktionsräumen 76
  klappbare 35, 66, 75, 93
Bilder 70
Bodenleuchten 53
Böden
  Erhöhung 28
  Fußbodenheizung 23, 95
  in Wohnräumen 79
  Materialkontrast 58
Brandschutzbestimmungen 24, 39

C
Computer 107, 108
Container 104

D
Dachböden 38–39, 40, 65
Dachfenster 27, 36, 39, 92, 95, 107
Decken
  hohe 28, 31, 76, 92
  in Dachböden 39
  mit Schrägen 95
  niedrige 65
Deckenfluter 53, 91
Detailplanung 28, 69
Dielen 61
Downlights 53, 54, 95
Duschen 94, 97

E
Eckdaten, Festlegung 16
Einbausysteme 12, 43, 44–47, 71, 79, 80, 100
Entlüftung 76
Essplätze 12, 17, 86–89
Etagenbetten 103, 104–105

F
Farbe
  Akzentfarben 60–61
  allgemein 50–51, 57
  Grundfarbe 57
  im Schlafzimmer 91
  kühle Töne 57
  neutrale Töne 57
  Weiß 57
  zum Kaschieren 28
Farbgebung 61
Fenster
  in Dachböden 39
  innenliegend 19, 85
  Vergrößerung 27
Fernseher 43, 76, 80, 81
Flexibilität 32–35
Flure
  als Ausstellungsfläche 70
  in offenen Grundrissen 24
  Stauraum 36, 46, 99
Frühstücksplätze 85, 87, 88
Fußbodenheizung 23, 95

G
Gestaltungskonzepte 56–61
Griffe 68, 69
Grundrisse, maßstabsgerechte 19, 44, 62, 75
Gruppieren von Dekoobjekten 70

H
Handtuchwärmer 95, 96
Heizkörper 23, 95
Hintergrundlicht 53

Hocker 66, 67, 88, 89
Holzböden 58

K
Kamine, offen 78
Kellerräume 39
Kinderzimmer 102–105
Kissen 58, 61, 63, 64
Kleidung
  Ankleideräume 98–101
  in Schlafzimmern 91
  sortieren 20
Kontraste 57–59
Küchen
  Einbauküchen 11
  einzeilige 83
  Grundrisse 83
  in Multifunktionsräumen 76
  L-förmige 83
  Planung 23
  U-förmige 83
  unter Zwischengeschossen 31
  zweizeilige 83

L
Leitern 40
Lichtleisten 53
Lichtplanung
  allgemein 23, 52–55
  Bodenleuchten 53
  dimmbare Schalter 54, 88, 91
  Downlights 53, 54, 95
  für Ausstellungsflächen 70
  in Arbeitsräumen 108
  in Essbereichen 88
  in Schlafzimmern 91
  in Wohnräumen 79
  Lichtkreise 54
  Lichtstärke 108
  Raumlicht 53
  Tageslicht 27, 76, 84, 107
Lichtschalter
  allgemein 69
  mit Dimmer 54, 88, 91

M
Material, Kontraste 57, 58
Möbel
 allgemein 62–67
 Aufbewahrungslösungen 43
 für Esszimmer 88
 für Kinderzimmer 104
 Transparenz 65
Moodboards 50
Multifunktionsräume
 Abtrennung 32
 allgemein 74–77
 Essbereiche 87, 88
 Flexibilität 32
 Planung 76
Muster, als Gestaltungselement 61

N
Nassräume 96
Nischen
 als Stauraum 44, 80
 mit Einbauregalen 21
 Möblierung 65

O
Oberlichter 27, 36, 39, 95
Offene Grundrisse 24–29

P
Planung
 Aussortieren 20
 Eckdaten 16
 Flexibilität 32–35
 von Aufbewahrungssystemen 42–47
 von Küchen 83
 von Multifunktionsbereichen 76
 von offenen Grundrissen 24–29
 von Raumbedarf 19
 von Treppen 40–41
 von ungenutztem Raum 36–39
 von Zwischengeschossen 31
 Wegführung 35

Podeste
 allgemein 28, 76
 Hochbetten 31, 77, 91, 92
 Platzierung 31
 Polster 58, 61, 65

R
Raumkapazitäten, ungenutzte 36–39
Raumplanung 19
Raumspartreppen 31, 40
Raumtrenner 32, 87
Reduktion 64–65
Regale
 allgemein 80
 als Homeoffice 108
 für Bücher 42, 80
 höhenverstellbare 47
 in Kinderzimmern 104
 in Nischen 21
 in Schränken 47
 in Wohnräumen 80

S
Sanierung 23, 76
Schablonen, von Möbeln 62
Schattenfugen 28
Schiebetüren 69, 82, 84, 95, 100
Schlafebenen 31, 77, 91, 92
Schlafkojen 92
Schlafzimmer 90–93
Schränke
 eingebaute 12, 43, 44–47, 71, 79, 80, 100
 im Kinderzimmer 102
 in der Küche 83, 84
Schreibtische 107
Schubladen 84, 90, 100
Schuhe, Aufbewahrung 100, 101
Sideboards 88
Sitzmöbel 63, 64, 65, 66
Sofas 62, 65
Spiegel 79, 97, 100
Spielsachen 102–105
Spots 53
Statik 24, 27, 31

Stauraum
 allgemein 42–47
 Ankleideräume 98–101
 auf Treppenabsätzen 36
 freistehende Möbel 43
 für Kleidung 91
 in Arbeitsräumen 108
 in Bädern 94, 95
 in Fluren 36, 46, 99
 in Kellerräumen 39
 in Kinderzimmern 104
 in Wohnräumen 80
 maßgefertigter 12, 43, 44–47, 71, 79, 80, 100
 unter Betten 90, 92, 100, 103
 unter Podesten 31
 unter Treppen 36–37
 Vorbereitung 20
Steckdosen 23, 76
Steinböden 58
Stromanschlüsse 23, 76
Stühle 65, 66, 88, 108

T
Tageslicht 27, 76, 84, 107
Tapeten 61
Textilien 58, 61, 65
Tische 35, 62, 66, 88
Tischleuchten 53, 79, 91
Toiletten 95, 96
Trennwände 32, 34, 76, 92
Treppen
 allgemein 40–41
 als Arbeitsräume 36, 107
 als Stauraum 36–37
 Beleuchtung 52
 Farbgebung 61
 für Dachböden 38, 39
 für Zwischengeschosse 31, 40
 in offenen Grundrissen 24
 mit versetzten Stufen 31, 40
 offene 40
 Wendeltreppen 16, 31, 40, 41
Treppenabsätze

 als Arbeitsbereich 19, 36, 107
 als Ausstellungsfläche 70
 als Stauraum 36
Türen
 Außentüren 27
 Flexibilität 32, 33, 35
 für Stauraum 47
 Griffe 68, 69
 Schiebetüren 69, 82, 84, 95, 100
 verschließen 35
 Ziehharmonikatüren 35

U
Unordnung 20, 35, 69
Unterhaltungselektronik 43, 76, 80, 81
Unterlagen 20, 108

V
Veränderungen, bauliche 24
Verputz, Wände 28

W
Wände
 entfernen 24
 Fliesen 59
 Schattenfugen 28
Wandfliesen 59
Wandleuchten 53
Wasseranschlüsse 23, 76
Wegführung 35
Wendeltreppen 16, 31, 40, 41
Wohnräume 78–81

Z
Zeitschriften 70
Ziehharmonikatüren 35
Zwischengeschosse
 allgemein 31, 76
 als Arbeitsbereiche 30, 109
 Möblierung 10, 24, 92
 Zugang 31, 40

Bildnachweis

Der Herausgeber dieses Buchs dankt der Red Cover Picture Library für die Nutzungsgenehmigung zu folgenden Bildern:

2 Paul Ryan-Goff; 6–7 Andrew Boyd; 10 Henry Wilson; 11 Mike Daines; 12 Jennifer Cawley; 13 Henry Wilson; 16 Jake Fitzjones; 17 Dan Duchars (Neil Lerner Kitchens); 18 Paul Massey; 19 Johnny Bouchier; 21 Jake Fitzjones; 23 Winfried Heinze; 24 Steve Dalton; 25 Alun Callender; 26 Graham Atkins-Hughes; 27 Trine Thorsen (Design: Nicki Buttenschon, Styling: Alessandro D'Orazio & Jannicke K. Eriksen); 28 Trine Thorsen; 29 Winfried Heinze; 30 Andrew Wood; 31 Chris Tubbs; 32 Winfried Heinze; 33 Andrew Wood; 34 Guglielmo Galvin; 35 Andrew Twort; 36 Winfried Heinze; 37 Michael Freeman; 38 Grant Scott; 39 Andrew Boyd; 40 Niall McDiarmid; 41 Henry Wilson; 42 Dan Duchars; 43 James Balston; 44 Debi Treloar; 45 Andrew Wood; 46 Tom Scott; 47 Jake Fitzjones (Architektur: Neville Morgan); 51 Nick Carter; 52 Michael Freeman; 53 Ed Reeve; 55 Jennifer Cawley; 56 Graham Atkins-Hughes (Architektur: Sally Vogel); 57 Huntley Hedworth; 58 Jake Fitzjones (Architektur: Neville Morgan); 59 Ed Reeve (Design: Monica Mauti Equihua); 60 Graham Atkins-Hughes; 61 Holly Jolliffe; 62 Paul Massey; 63 Home Journal/Red Cover; 64 Paul Massey; 65 Henry Wilson; 66 Graham Atkins-Hughes; 68 Huntley Hedworth; 70 Jake Fitzjones (Architektur: Neville Morgan); 71 Mike Daines (Design: Jo Warman); 74 Johnny Bouchier; 75 Winfried Heinze; 76 Jake Fitzjones; 77 Henry Wilson; 78 Alun Callender; 80 James Balston (Architektur: MPS); 81 Warren Smith (Architektur: Honky, Design: Honky Design); 82 Tria Giovan; 83 Jake Fitzjones (Neil Lerner Kitchens); 84 Graham Atkins-Hughes; 85 Graham Atkins-Hughes; 86 Paul Ryan-Goff; 87 Alun Callender; 88 Lucinda Symons; 89 Ed Reeve (Design: Jona Warbey); 90 Douglas Gibb; 91 James Merrell; 92 Winfried Heinze; 93 Ed Reeve; 94 David Hiscock; 95 Winfried Heinze; 96 Winfried Heinze; 97 Jake Fitzjones (Architektur: Paul Archer); 98 Jake Fitzjones; 99 Patrick Spence; 100 Chris Tubbs; 101 Andrew Twort; 102 Trine Thorsen; 103 Tria Giovan; 104 Lucinda Symons; 105 Winfried Heinze (Innenarchitektur: Lisa Weeks at W Design International, Möbeldesign: Amy Somerville at Somerville Scott & Co); 106 Jake Fitzjones (Architektur: Neil Lerner Kitchens); 107 Michael Freeman; 108 Christopher Drake (Design: Annie Stevens); 109 Winfried Heinze.

Die folgenden Fotos haben Thomas Stewart und Chris Tubbs für Conran Octopus aufgenommen: 20 Thomas Stewart; 22 Chris Tubbs; 50 Chris Tubbs; 54 Chris Tubbs; 67 Chris Tubbs; 69 Thomas Stewart; 79 Chris Tubbs.

Aus dem Englischen übersetzt von Barbara Meder

1. Auflage
Copyright © der deutschsprachigen Ausgabe 2011
Deutsche Verlags-Anstalt, München,
in der Verlagsgruppe Random House GmbH

Titel der englischen Originalausgabe: *Essential Small Spaces. The Back to Basics Guide to Home Design, Decoration & Furnishing*
2010 erstmals erschienen bei Conran Octopus Ltd
in der Octopus Publishing Group
Endeavour House
189 Shaftesbury Avenue
London WC2H 8JY, Großbritannien
www.octopusbooks.co.uk
A Hachette UK Company
www.hachettelivre.co.uk

Text © Conran Octopus Ltd 2010
Design und Layout © Conran Octopus Ltd 2010
Alle Rechte vorbehalten

Verlegerin: Lorraine Dickey
Lektorat: Elizabeth Wilhide, Sybella Marlow, Bridget Hopkinson
Herstellung: Jonathan Christie
Bildrecherche: Liz Boyd
Designassistenz: Mayumi Hashimoto
Produktion: Caroline Alberti

Satz der deutschen Ausgabe: Edith Mocker, Eichenau
Produktion der deutschen Ausgabe:
Monika Pitterle/DVA
Coverbild: © Home Journal/Red Cover

Printed in China

ISBN: 978-3-421-03846-3

www.dva.de